新工科建设·计算机类精品系列教材

C 语言程序设计简明教程 习题解析与上机指导

主　编　李玉军　胡元义

副主编　刘　庆　吴江峰　史　静　梁　琨
　　　　崔　真　闫　飞　呼彩娥

电子工业出版社

Publishing House of Electronics Industry

北京·BEIJING

内 容 简 介

本书是《C语言程序设计简明教程》（ISBN 978-7-121-49569-4）的配套用书，包括习题解析与上机指导两部分。习题解析部分注重知识的系统性、完整性和连贯性，将理论与实践有机结合，将知识传授和能力培养融为一体，可提高学生的程序设计能力，培养其程序设计风格。书中的解题过程除采用动态图分析方法来分析程序执行中函数或指针的变化情况外，还辅以直观的图解方法。本书在写法上具有循序渐进、深入浅出、图文并茂的特点，力求使学生深入掌握C语言程序设计。

图书在版编目（CIP）数据

C语言程序设计简明教程习题解析与上机指导 / 李玉军，胡元义主编. -- 北京 ： 电子工业出版社，2025. 9.
ISBN 978-7-121-51164-6

Ⅰ．TP312. 8

中国国家版本馆CIP数据核字第2025WK1463号

责任编辑：牛晓丽
印　　刷：北京雁林吉兆印刷有限公司
装　　订：北京雁林吉兆印刷有限公司
出版发行：电子工业出版社
　　　　　北京市海淀区万寿路 173 信箱　　　邮编：100036
开　　本：787×1092　　1/16　　印张：12　　字数：288 千字
版　　次：2025 年 9 月第 1 版
印　　次：2025 年 9 月第 1 次印刷
定　　价：49.80 元

凡所购买电子工业出版社图书有缺损问题，请向购买书店调换。若书店售缺，请与本社发行部联系，联系及邮购电话：（010）88254888，88258888。
质量投诉请发邮件至 zlts@phei.com.cn，盗版侵权举报请发邮件至 dbqq@phei.com.cn。
本书咨询联系方式：mengyu@phei.com.cn。

前言

程序设计是一门实践性很强的课程，因此学生在学习理论知识的同时，必须加强习题训练和上机实践。习题训练可帮助学生深入理解教材中的内容，巩固其对基本概念的理解，使其能够熟练运用相关知识。上机实践可培养学生的程序设计风格，提高其分析问题、解决问题的程序设计能力和实际动手能力。

编者在总结多年教学与实践经验的基础上，精选了大量内容生动、设计独到的习题，书中给出的所有程序习题均上机调试通过。本书是《C 语言程序设计简明教程》（ISBN 978-7-121-49569-4）的配套用书，全书内容共分两篇。

第一篇为习题解析，该部分注重知识的系统性、完整性和连贯性，将理论与实践有机结合，将知识传授和能力培养融为一体，旨在开拓学生的解题思路。所选习题侧重典型性和启发性，尽可能使学生在解题过程中把握重点、突破难点，并掌握解题的思路和技巧，有利于其自主学习。

第二篇为上机指导，该部分与教材内容同步进行，不但可以加深学生对所学知识的理解，检验其对知识的掌握程度，而且可以不断提高学生的实际操作能力和编程水平，培养其程序设计能力和实际动手能力。此外，部分实验对 C 语言有关内容进行了较深入的研究，有助于开阔学生的视野。同时，每个实验后均设有思考题，可帮助学生进一步分析、研究相关知识和内容。

编　者

2025 年 2 月

目录

第一篇　习题解析 1

第 1 章　C 语言与程序设计引论习题解析 2

第 2 章　C 语言程序设计基础习题解析 6

第 3 章　3 种基本结构的程序设计习题解析 15

第 4 章　数组习题解析 40

第 5 章　函数习题解析 59

第 6 章　指针习题解析 80

第 7 章　结构体习题解析 103

第 8 章　文件习题解析 125

第二篇　上机指导 139

实验一　C 语言程序运行环境和程序的运行方法 140

实验二　基本数据类型、运算符和表达式 143

实验三　顺序结构与选择结构程序设计 147

实验四　循环结构程序设计 152

实验五　数组 157

实验六　函数 162

实验七　指针 167

实验八　结构体 171

实验九　文件 176

附录 182

附录 A   Visual C++上机操作 182

附录 B   ASCII 码表 183

附录 C   常用的 C 语言库函数 184

参考文献 186

第一篇

习题解析

第 **1** 章

C 语言与程序设计引论习题解析

1. 下面叙述中错误的是_____。

A. 操作系统是裸机上的第一层软件

B. 操作系统是一种应用软件

C. 操作系统是硬件与其他软件的接口

D. 操作系统提供了人与计算机交互的界面

【解析】

操作系统是最基本的系统软件，也是对硬件机器的首次扩充。因此，选项 B 是错误的，本题应选 B。

2. 下面叙述中错误的是_____。

A. 程序设计是指设计、编制和调试程序的过程

B. 程序设计语言的基本功能就是描述数据及对数据进行处理

C. 程序是由人编写的用于指挥和控制计算机完成某一个任务的指令序列

D. 程序设计语言就是高级语言，用它编写的程序可以直接在计算机上运行

【解析】

机器语言是计算机唯一能够直接识别并接收的语言。用高级语言编写的程序必须翻译（编译）成机器语言程序后，才可以在计算机上运行。因此，选项 D 是错误的，本题应选 D。

3. 下面叙述中正确的是_____。

A. 编译程序是将高级语言程序翻译成等价的机器语言程序的程序

B. 机器语言因使用过于困难，故现在计算机根本不使用机器语言

C. 汇编语言是计算机唯一能够直接识别并接收的语言

D. 高级语言接近人们的自然语言，但其依赖具体机器的特性是无法改变的

【解析】

机器语言是计算机唯一能够直接识别并接收的语言，因此选项 B 是错误的；汇编语言必须翻译成机器语言后，才能为计算机所识别并接收，因此选项 C 是错误的；高级语言已

经从具体计算机中抽象出来，摆脱了依赖具体计算机的问题，因此选项 D 是错误的。综上，只有选项 A 是正确的，本题应选 A。

4. 一个 C 语言程序由_____。

A. 一个主程序和若干子程序组成　　　　B. 若干函数组成

C. 若干过程组成　　　　　　　　　　　D. 若干子程序组成

【解析】

C 语言程序是由函数构成的。一个 C 语言程序中包含一个 main 函数，或者由一个 main 函数和若干其他函数组成。因此，选项 B 是正确的，本题应选 B。

5. 一个 C 语言程序的执行_____。

A. 从第一个函数开始，到最后一个函数结束

B. 从第一个语句开始，到最后一个语句结束

C. 从 main 函数开始，到最后一个函数结束

D. 从 main 函数开始，到 main 函数结束

【解析】

C 语言程序的执行总是从 main 函数开始，到 main 函数结束。中间可以调用其他函数，但最终必须在 main 函数结束处停止执行。因此，选项 D 是正确的，本题应选 D。

6. 任何 C 语言的语句必须以_____结束。

A. 句号 "."　　　　B. 分号 ";"　　　　C. 冒号 ":"　　　　D. 感叹号 "!"

【解析】

任何 C 语言的语句必须以分号 ";" 结束。因此，选项 B 是正确的，本题应选 B。

7. C 语言程序的注释_____。

A. 由 "/*" 开头且由 "*/" 结尾　　　　B. 由 "/*" 开头且由 "/*" 结尾

C. 由 "//" 开头　　　　　　　　　　　D. 由 "/*" 或 "//" 开头

【解析】

C 语言程序的注释由 "/*" 开头且由 "*/" 结尾，二者之间放置注释的内容，且可以跨行注释，因此选项 A 是正确的。C 语言程序的注释也可由 "//" 开头，但注释的内容不能跨行，即只能在本行末结束，选项 C 中仅指定注释由 "//" 开头，但未指定到何处结束，因此该项是错误的。综上，本题应选 A。

8. 下面说法中正确的是_____。

A. 若没有参数，则函数名后面的圆括号可以省略

B. C 语言程序中的 main 函数必须放在程序的开头

C. 一个 C 语言程序可以由若干函数组成，但必须有一个 main 函数

D. C 语言程序中的注释只能放在程序的开始部分

【解析】

函数名后面的圆括号不可省略，因此选项 A 是错误的；main 函数不必放在程序的开头，因此选项 B 是错误的；注释可以出现在程序的任何地方，因此选项 D 是错误的。参考第 4 题的解析可知，选项 C 是正确的，故本题应选 C。

9. C 语言源程序名的后缀是_____。

A. .exe B. .c C. .obj D. .cp

【解析】

C 语言源程序名的后缀是.c 或.cpp，故本题应选 B。

10. 下面叙述中错误的是_____。

A. C 语言源程序经编译后生成后缀为.obj 的目标文件

B. C 语言程序经过编译、连接后才能形成一个真正可执行的二进制机器指令文件

C. 用 C 语言编写的程序称为源程序，并以 ASCII 码形式存放在一个文本文件中

D. C 语言中的每条可执行语句和非执行语句最终都将被转换成二进制机器指令

【解析】

C 语言程序中只有可执行语句会被转换成二进制机器指令，非执行语句（如定义变量类型的说明语句）不会被转换成二进制机器指令，故本题应选 D。

11. 下面 C 语言程序的写法是否正确？若有错误，请改正。

```
(1) #include<stdio.h>
    main()
    {
        printf("C program.\n")
    }
(2) void main
    {
        printf(C program.\n);
    }
```

【解析】

程序（1）的错误之处在于，"main()"前缺少函数类型说明，且 printf 语句中缺少语句结束标志";"，正确的程序如下。

```
#include<stdio.h>
void main( )
{
    printf("C program.\n");
}
```

程序（2）有三处错误：第一，由于一个 C 语言程序通常要将程序的运行结果输出（一般输出到显示器上），或者需要由键盘输入数据，因此 C 语言程序开头处必须用包含命令"#include"将标准输入/输出的头文件"stdio.h"包含在程序中；第二，给出的主函数"main"

后应有"()";第三，printf 语句中的输出内容要用"""" 引起来。正确的写法与程序（1）改正后的相同。

12. 编写一个 C 语言程序，用于输出"How are you？"。

【参考程序】

```c
#include<stdio.h>
void main( )
{
    printf("How are you?\n");
}
```

第 2 章

C 语言程序设计基础习题解析

1. 下面给出的标识符中，能作为变量的标识符是_____。

A. for   B. int   C. word   D. sizeof

【解析】

for、int 和 sizeof 均为 C 语言的关键字，只有 word 能作为变量的标识符。故本题应选 C。

2. 在 C 语言中，下列属于构造类型的是_____。

A. 整型   B. 字符型   C. 实型   D. 数组类型

【解析】

整型、字符型和实型均为 C 语言的基本类型，只有数组类型属于构造类型。故本题应选 D。

3. 下面 4 个选项中，均是合法整型常量的选项是_____。

A. 160   B. −0xcdf   C. −01   D. −0x48a

  −0xffff   01a   986.012   2e5

  011   0xe   0667   0x

【解析】

C 语言的整型常量有八进制、十进制和十六进制 3 种表示形式：八进制整型常量是以数字 0 为前缀，后跟数字 0~7 而组成的八进制数；十进制整型常量与数学上的整数相同，没有前缀，直接由数字 0~9 组成；十六进制整型常量是以 0x（0X）为前缀，后跟数字 0~9 或字母 A~F（a~f）而组成的十六进制数。选项 A 中的 3 个数均为整型常量；选项 B 中的"01a"既非八进制整型常量，又非十六进制整型常量；选项 C 中的"986.012"是实型常量；选项 D 中的"2e5"和"0x"，前者是实型常量，后者写法错误（0x 后应有数字）。综上，本题应选 A。

4. 下面 4 个选项中，均是合法实型常量的选项是_____。

A. +1e+1   B. −.60   C. 123e   D. −e3

  5e−9.4   12e−4   1.2e−4   0.8e−4

  03e2   −8e5   +2e−1   5.e−7

【解析】

C 语言的实型常量有小数和指数 2 种表示形式：小数形式由数字和小数点组成，必须有小数点，但小数点前后可以没有数字；指数形式一般为 "aEn" 或 "aen"，其中 a 为十进制数（可以是小数），n 为十进制整数。选项 A 中，"5e-9.4" 因 e 后不能出现小数而错误，"03e2" 因 e 前出现的必须是十进制数，而 "03" 为八进制数而错误；选项 C 中，"123e" 因 e 后无数字而错误；选项 D 中，"-e3" 因 e 前无数字而错误。综上，本题应选 B。

5. 下面不合法的字符常量是_____。

A. '\018'   B. '\" '   C. '\\'   D. '\xcc'

【解析】

转义字符是以 "\" 开头的字符序列，它只代表一个字符。"\" 后跟 3 个八进制数时，表示该转义字符为 ASCII 码值等于这 3 个八进制数数值的字符。选项 A 中的 "8" 超出了八进制数 0~7 的取值范围，因此该项是错误的；选项 B 表示的是一个双引号 """ 的转义字符；选项 C 表示的是一个反斜杠 "\" 的转义字符；选项 D 表示的是一个 ASCII 码值为十六进制数 cc 的字符。故本题应选 A。

6. 在 C 语言中，其值可以被改变的量称为变量，变量具有的基本特征是_____。

A. 变量名   B. 变量类型   C. 变量值   D. A~C 三项

【解析】

每个变量都有 3 个特征：有一个变量名；有一个确定的类型；变量可以存放值。故本题应选 D。

7. 在 C 语言中，int 型数据在内存中的存储形式是_____。

A. ASCII 码   B. 原码   C. 反码   D. 补码

【解析】

int 型数据在内存中的存储形式是补码，故本题应选 D。

8. 能够正确定义且赋值的语句是_____。

A. int n1=n2=10;   B. char c=32;

C. float f=f+1.1;   D. double x=12.3E2.5;

【解析】

赋值表达式 "n1=n2=10" 是正确的，但定义变量并赋初值时不允许出现这种方式，而只能逐个地定义变量并赋值，如 "int n1=10,n2=10;"，因此选项 A 是错误的；在给变量 f 定义并赋值时，所赋的值必须是常量，而在 "f=f+1.1" 中，由于在定义之前 f 的值是无法确定的，因此 "f+1.1" 不是常量，选项 C 是错误的；由于实型常量的指数形式要求 "E" 后必须是整数，而在 "x=12.3E2.5" 中，"E" 后为小数，因此选项 D 是错误的。综上，本题应选 B。

9. 设有定义语句 "char x1,x2,x3;"，且给 x1、x2 和 x3 均赋字符'a'，则下面出错的一组赋值语句是_____。

A. x1='a';　　　　　B. x1='\141';　　　　C. x1='\x61';　　　　D. x1=97;

　　x2='\x61';　　　　　x2=0x61;　　　　　　x2=97;　　　　　　　x2="a";

　　x3=97;　　　　　　x3=0141;　　　　　　x3=0x61;　　　　　　x3='\141';

【解析】

　　字符'a'的 ASCII 码值为 97，也是八进制数 0141 和十六进制数 0x61，因此选项 A、B、C 是正确的。选项 D 中，"a"为字符串而非字符，因此该项是错误的。综上，本题应选 D。

10. 设有定义语句"float a=2,b=4,h=3;"，下面表达式中与代数式 $\frac{1}{2}(a+b)h$ 的计算结果不符的是_____。

A. (a+b)*h/2　　　　B. (1/2)*(a+b)*h　　　　C. (a+b)*h*1/2　　　　D. h/2*(a+b)

【解析】

　　选项 B 中，由于 1 和 2 都是整型数，因此 1/2 的计算结果（舍去小数部分）为 0，且整个表达式的计算结果为 0，这与题中所给的代数式的计算结果不符，该项是错误的；选项 C 中，由于运算是从左向右进行的，因此"(a+b)*h*1"的结果为实型，除以 2 后，结果仍为实型，即不会出现两个整型数相除后舍去小数部分的情况，该项是正确的。同理，选项 A 和选项 D 均是正确的。故本题应选 B。

11. 设有定义语句"int a=2,b=3,c=4;"，下面选项中值为 0 的表达式是_____。

A. (!a==1) && (!b==0)　　　　　　　　B. (a<b) && !c || 1

C. a && b　　　　　　　　　　　　　　D. a || (b+b) && (c−a)

【解析】

　　计算逻辑表达式要注意以下 3 点。

　　（1）逻辑运算符按优先级从高到低的顺序排序为"!""&&""||"。

　　（2）"&&"左边的表达式为"假"或"||"左边的表达式为"真"时，可直接得出整个表达式的值，而无须计算"&&"或"||"右边的表达式（即忽略其右边的表达式）。

　　（3）逻辑值能自动转换为整数值（"真"=1，"假"=0），整数值也能自动转换为逻辑值（0="假"，非 0="真"）。

　　选项 A 中，(!a==1) && (!b==0) → (!2==1) && (!b==0) → (0==1) && (!b==0) → 0 && (!b==0) → 0（"&&"右边的表达式被忽略）。

　　选项 B 中，(a<b) && !c || 1 → (2<3) && !4 || 1 → 1 && 0 || 1 → 0 || 1 → 1。

　　选项 C 中，a&&b → 2&&3 → 1。

　　选项 D 中，a || (b+b) && (c−a) → 2 || (3+3) && (4−2) → 1（"||"右边的表达式被忽略）。

　　故本题应选 A。

12. 当整型变量 c 的值不为 2、4、6 时，值为真的表达式是_____。

A. (c==2) || (c==4) || (c==6)　　　　B. (c>=2 && c<=6) || (c!=3) || (c!=5)

C. (c>=2 && c<=6) && !(c%2)　　　　D. (c>=2 && c<=6) && (c%2!=1)

【解析】

选项 A 表示，当 c 等于 2、4 或 6 时，表达式的值为真，不满足题意；选项 C 表示，当 c 在 2~6 之间且不为奇数时，表达式的值为真，此时 c 只能取 2、4、6，不满足题意；选项 D 中的子表达式"(c%2!=1)"与选项 C 中的子表达式"! (c%2)"是等价的，都表示 c 不是奇数，因此同样不满足题意；选项 B 中，子表达式"c>=2 && c<=6"表示 c 在 2~6 之间，而子表达式"(c!=3) || (c!=5)"表示除 c=3 和 c=5 外，表达式的值为真。故本题应选 B。

13. 设有定义语句"int k=0;"，下面 4 个表达式中与其他 3 个表达式的值不相同的是_____。

A. k++　　　　　　B. k+=1　　　　　　C. ++k　　　　　　D. k+1

【解析】

"++"运算符有前缀（前置）和后缀（后置）两种形式。选项 C 中的是前缀形式，选项 A 中的是后缀形式，它们的区别在于表达式的值不同：前缀形式中，表达式的值为增 1 之后的值；后缀形式中，表达式的值为增 1 之前的值。选项 B 和选项 D 中，表达式的值都是 k 加 1 之后的值，与选项 C 中表达式的值相同。故本题应选 A。

14. 设有定义语句"int k=7;float a=2.5,b=4.7;"，则表达式 a+k%3*(int)(a+b)%2/4 的值是_____。

A. 2.500000　　　B. 2.750000　　　C. 3.500000　　　D. 0.000000

【解析】

$$a+k\%3*(int)(a+b)\%2/4 = 2.5+7\%3*(int)(2.5+4.7)\%2/4 = 2.5+1*7\%2/4 = 2.5+7\%2/4$$
$$= 2.5+1/4 = 2.5+0=2.5$$

故本题应选 A。

15. 若有代数式 $\sqrt{|n^x + e^x|}$（其中 e 仅代表自然对数的底数，不是变量），则下面能够正确表示该代数式的表达式的是_____。

A. sqrt(abs(n^x+e^x))　　　　　　　B. sqrt(fabs(pow(n,x)+pow(x,e)))

C. sqrt(fabs(pow(n,x)+exp(x)))　　　D. sqrt(fabs(pow(x,n)+exp(x)))

【解析】

在 C 语言中，计算平方根应使用 sqrt 函数，计算 n^x 应使用 pow 函数（第一个参数是 n，第二个参数是 x），计算 e^x 应使用 exp 函数，计算绝对值应使用 fabs 函数。故本题应选 C。

16. 下面关于 scanf 语句的叙述中正确的是_____。

A. 输入项地址可以是一个实型常量，如 scanf("%f",3.5)

B. 只有格式控制字符串而没有输入项地址也能正确输入数据，如 scanf("a=%d,b=%d")

C. 当输入数据时，必须指明输入项地址，如 scanf("%f",&f)

D. 由于该语句是给变量输入数据，因此输入项地址也可以是一个变量，如 scanf("%f",f)

【解析】

scanf 函数只能给变量输入数据，即将输入的数据读入变量对应的内存单元中，由于 3.5 不是变量，因此选项 A 是错误的；若没有变量地址项（输入项地址），则无法将输入的数据读入变量对应的内存单元中，因此选项 B 是错误的；由于变量地址项（输入项地址）必须是变量的存储地址，而不能是变量名，因此选项 D 是错误的。综上，只有选项 C 是正确的，本题应选 C。

17. 下面程序的功能是给 r 输入数据后计算半径为 r 的圆的面积 s，但程序在编译时出错，出错的原因是_____。

```c
#include<stdio.h>
void main()
{
    int r;
    float s;
    scanf("%d",&r);
    s=π*r*r;
    printf("s=%f\n",s);
}
```

A. 注释语句书写位置错误

B. 存放圆半径的变量 r 不应该定义为整型

C. 输出语句中格式描述符非法

D. 计算圆面积的赋值语句中使用了非法变量

【解析】

在 C 语言源程序中，只有注释部分和字符串常量部分可以使用任意字符。上面的程序在计算圆面积时，赋值语句中使用的"π"是非法变量，故本题应选 D。

18. 以下程序执行的结果是_____。

```c
#include<stdio.h>
void main()
{
    int x=102,y=012;
    printf("%2d,%2d\n",x,y);
}
```

A. 10,01   B. 02,12   C. 102,10   D. 02,10

【解析】

在以上程序中，语句"printf("%2d,%2d\n",x,y);"表示输出两个十进制整数，每个整数的域宽为 2。在 C 语言中，当域宽小于数据的实际宽度时，域宽限制不起作用，按数据的实际宽度输出。因为 x 的值为 102，已突破原定域宽 2，所以应按实际宽度输出，又因 y 值的八进制数 012 应转化为十进制数输出（八进制数 012 等于十进制数 10），所以输出的结果是"102,10"，本题应选 C。

19. 以下程序执行的结果是_____。

```
#include<stdio.h>
void main()
{
    int m=0256,n=256;
    printf("%o,%o\n",m,n);
}
```

　　A. 0256,0400　　　　　B. 0256,256　　　　　C. 256,400　　　　　D. 400,400

【解析】

以上程序定义了两个整型变量 m 和 n，其中，m 值用八进制数表示，n 值用十进制数表示。由于要求 m 和 n 都以八进制数的形式输出，因此 m 值按原样（即 256）输出，n 值转换为八进制数（即 400）后输出。故本题应选 C。

注意，只有在输出的格式字符"%o"的"%"和"o"之间加上格式修饰符"#"，即输出语句变为"printf("%#o,%#o\n",m,n);"后，输出结果的格式方如选项 A 所示。

20. 以下程序执行的结果是_____。

```
#include<stdio.h>
void main()
{
    int a=666,b=888;
    printf("%d\n",a,b);
}
```

　　A. 错误信息　　　　　B. 666　　　　　C. 888　　　　　D. 666,888

【解析】

在以上程序中，printf 语句的输出格式部分只有一个格式字符"%d"，而输出成员列表有两个成员 a 和 b，因此只能输出第一个成员 a 的值，即 666。故本题应选 B。

注意，程序并不因 b 值未输出而报错。

21. 以下程序执行的结果是_____。

```
#include<stdio.h>
void main()
{
    char a='a',b;
    printf("%c,",++a);
```

```
    printf("%c\n",b=a++);
}
```

    A. b,b   B. b,c   C. a,b   D. a,c

【解析】

　　在以上程序中，第一条 printf 语句输出表达式"++a"的值，即给 a 值加 1（给字符'a'加 1 后变为字符'b'）后输出，输出的值是 b。第二条 printf 语句输出 b 的值，而 b 为表达式"a++"的值，由于"a++"是先使用 a 值，再给 a 值加 1（先将 a 的当前值'b'赋给变量 b，并输出其值，然后给变量 a 加上 1，使 a 值变为'c'），因此第二条 printf 语句输出的值也是 b。故本题应选 A。

　　22. 以下程序执行的结果是_____。

```
#include<stdio.h>
void main()
{
    int a=0,b=0;
    a=10;                        /*给 a 赋值
    b=20;                        给 b 赋值*/
    printf("a+b=%d\n",a+b);       /*输出计算结果*/
}
```

    A. a+b=10   B. a+b=30   C. 30   D. 错误信息

【解析】

　　在 C 语言程序中，经常用"/*…*/"给程序注释，以帮助读者理解程序的含义，其对程序的运行不产生任何作用。因此，以上程序从第五行右边的"/*"到第六行末尾的"*/"都属于注释部分，也就是说，"b=20;"不是一条语句，而是注释中的内容。在执行 printf 语句时，b 的值仍为 0，最终程序输出的结果（即 a+b 的值）为 10。故本题应选 A。

　　23. 设有定义语句"int i=2;"，则表达式(i++)+(++i)+(++i)的值是_____。

    A. 9   B. 10   C. 11   D. 12

【解析】

　　在 Visual C++ 6.0 环境下，计算机一次只能对两个数实施加法运算，即两两相加。在本题中，执行第一个"i++"后，i 值没有发生变化，仍为 2（该操作要等到整个表达式的计算结束后才执行）；执行第二个"++i"后，i 值由 2 变为 3，此时完成前两个 i 值的相加（注意，此时的 i 值为 3），即 3+3=6；执行第三个"++i"后，i 值由 3 变为 4，即前两个 i 值相加的结果 6 加上这个 4，最终得到的结果为 10。故本题应选 B。

　　24. 有以下程序，若由键盘输入数据，使变量 m 中的值为 123，n 中的值为 456，p 中的值为 789，则正确的输入是_____。

```
#include<stdio.h>
void main()
{
    int m,n,p;
```

```
        scanf("m=%dn=%dp=%d",&m,&n,&p);
        printf("%d %d %d\n",m,n,p);
    }
```

    A. m=123n=456p=789↙   B. m=123 n=456 p=789↙

    C. m=123,n=456,p=789↙   D. 123 456 789↙

【解析】

在 scanf 语句中，如果格式控制字符串中出现了格式字符外的其他字符，则输入数据时必须在对应的位置上照原样输入这些字符，否则会产生输入错误。本题使用了"scanf("m=%dn=%dp=%d",&m,&n,&p);"语句进行输入，根据其中的格式控制字符串"m=%dn=%dp=%d"，应先输入"m="，接着输入"123"，然后继续输入"n="，并在其后输入"456"，接下来输入"p="，并在其后输入"789↙"。也就是说，只有输入"m=123n=456p=789↙"，才能将 123 赋给 m，456 赋给 n，789 赋给 p。故本题应选 A。

25. 有以下语句段：

```
int n1=10,n2=20;
printf("_____",n1,n2);
```

要求按以下格式输出 n1 和 n2 的值，每项输出从第一列开始，请填空。

```
n1=10
n2=20
```

【解析】

在 printf 语句中，出现在格式控制字符串中的普通字符将按原样输出；出现在其中的格式字符将根据后面的输出列表找到对应项，并在此位置上输出其值。本题中，要求按以下格式输出 n1 和 n2 的值。

```
n1=10
n2=10
```

即 printf 语句的格式控制字符串中应首先输出字符串"n1="，故横线处首先应填入"n1="；然后应输出 n1 的值 10，故应在"n1="后填入格式字符"%d"（即按十进制整数输出 n1 的值）；接下来应换行输出"n2=10"，故应在已填入的"n1=%d"后填入换行符"\n"；最后应在已填入的"n1=%d\n"后继续填入"n2=%d\n"。综上，程序中的横线处应填入"n1=%d\n n2=%d\n"。

26. 计算下列表达式的值。

    （1）(1+3)/(2+4) +8%3   （2）2+7/2+ (9/2*7)

    （3）(int)(11.7+4) /4%4   （4）2.0* (9/2*7)

【解析】

    （1）(1+3)/(2+4)+8%3 = 4/6+8%3 = 0+8%3 = 2

    （2）2+7/2+(9/2*7) = 2+3+(4*7) = 5+28 = 33

    （3）(int)(11.7+4)/4%4 = (int)15.7/4%4 = 15/4%4 = 3%4 = 3

（4）2.0*(9/2*7)=2.0*(4*7) = 2.0*28 = 56.000000

27. 阅读以下程序，若由键盘输入"10 20 30✓"，请给出程序运行的结果。

```c
#include<stdio.h>
void main()
{
    int i=0,j=0,k=0;
    scanf("%d%*d%d",&i,&j,&k);
    printf("%d %d %d\n",i,j,k);
}
```

【解析】

在 scanf 语句中，格式字符"%d"表示读入一个十进制整数给对应的输入项；格式字符"%*d"表示跳过当前输入的十进制数。本题中输入的是"10 20 30✓"，由于 scanf 语句中的格式控制字符串是"%d%*d%d"，因此首先读入第一个输入数据 10，并赋值给变量 i，然后放弃第二个输入数据 20，最后读入第三个输入数据 30，并赋值给变量 j。此时，由于再无数据可读，因此变量 k 仍是其定义时的初值 0。综上，程序运行的结果为"10 30 0"。

3 种基本结构的程序设计习题解析

1. 以下叙述中错误的是_____。

A. C 语言是一种结构化程序设计语言

B. 结构化程序由顺序、分支和循环 3 种基本结构组成

C. 使用 3 种基本结构构成的程序只能解决简单问题

D. 结构化程序设计提倡模块化的设计方法

【解析】

采用顺序结构、选择结构和循环结构 3 种控制结构能编写所有的程序，因此选项 C 中的叙述是错误的，本题应选 C。

2. 以下叙述中错误的是_____。

A. C 语言的语句必须以分号结束

B. 复合语句在语法上被看作一个语句

C. 空语句出现在任何位置都不会影响程序运行

D. 赋值表达式末尾加分号就构成了赋值语句

【解析】

空语句也是一条语句，当空语句出现在条件语句或循环语句中时，会被当作条件语句的子句或循环语句的循环体，这会影响程序运行，因此选项 C 中的叙述是错误的，本题应选 C。

3. 在嵌套使用 if 语句时，C 语言规定 else 总是_____。

A. 和之前与其具有相同缩进位置的 if 配对

B. 和之前与其最近的 if 配对

C. 和之前与其最近的且不带 else 的 if 配对

D. 和之前的第一个 if 配对

【解析】

根据就近原则，在嵌套的 if 语句中，else 总是和之前与其最近的且不带 else 的 if 配对，故本题应选 C。

4. 若变量已正确定义，则下面能正确计算 f=n! 的程序段是_____。

A. f=0;
　　for(i=1;i<=n;i++) f*=i;

B. f=1;
　　for(i=1;i<n;i++) f*=i;

C. f=1;
　　for(i=n;i>1;i++) f*=i;

D. f=1;
　　for(i=n;i>=2;i--) f*=i;

【解析】

我们知道 $n! = 1 \times 2 \times 3 \times \cdots \times n$。选项 A 中，给 f 赋初值 0 是错误的，因为 0 乘以任何数的结果都为 0；选项 B 中，循环变量 i 的取值范围是 $1 \sim n-1$，因此只能计算 $(n-1)!$，与题意不符；选项 C 中，该 for 循环是一个死循环，无解；选项 D 中，循环变量 i 的取值范围是 $2 \sim n$，虽然其中没有 1，但 1 乘以任何数，得到的结果都还是这个数，因此能够计算 $n!$。故本题应选 D。

5. 有以下程序段：

```
int n,t=1,s=0;
scanf("%d",&n);
do
{
    s=s+t; t=t-2;
}while(t!=n);
```

为了使此程序段不陷入死循环，从键盘输入的数据应该是_____。

A. 任意正奇数　　　B. 任意负偶数　　　C. 任意正偶数　　　D. 任意负奇数

【解析】

do…while 语句是先执行循环体，再判断循环条件是否为真，随后决定是否执行下一次循环。题目中的程序首先给 t 赋初值 1，然后在循环体中每次自减 2，因此在判断循环条件时，t 会依次出现-1、-3、-5……，只有 n 等于任意一个负奇数时，才能终止循环，否则就是死循环，故本题应选 D。

6. 设变量 a、b、c、d 和 y 都已正确定义并赋值。若有以下 if 语句：

```
if(a<b)
    if(c==d)  y=0;
    else  y=1;
```

则该语句所表示的含义是_____。

A. $y=\begin{cases}0, & a<b \text{ 且 } c=d \\ 1, & a \geqslant d\end{cases}$

B. $y=\begin{cases}0, & a<b \text{ 且 } c=d \\ 1, & a \geqslant b \text{ 且 } c \neq d\end{cases}$

C. $y=\begin{cases}0, & a<b \text{ 且 } c=d \\ 1, & a<b \text{ 且 } c \neq d\end{cases}$

D. $y=\begin{cases}0, & a<b \text{ 且 } c=d \\ 1, & c \neq d\end{cases}$

【解析】

因为 else 子句总是与前面距离最近的不带 else 的 if 结合，所以本题嵌套 if 语句的含义是，在 $a<b$ 的前提下，如果 c 等于 d，就执行语句 "y=0"，否则执行语句 "y=1"。故本题应选 C。

7. 若变量已正确定义，要求程序段完成 5！的计算，则不能完成此操作的程序段是_____。

A. for (i=1,p=1;i<=5;i++) p*=i;

B. for(i=1;i<=5;i++) {p=1;p*=i;}

C. i=1; p=1; while(i<=5){p*=i;i++;}

D. i=1; p=1; do(p*=i;i++;)while(i<=5);

【解析】

选项 B 中，for 语句的循环体执行了 5 次，每次都是先将 p 值重新赋 1，再乘以当前的 i 值，因此最终的计算结果是 5。选项 A、C、D 中，得到的计算结果都是 5！。故本题应选 B。

8. 若有定义 "float x=1.5;int a=1,b=3,c=2;"，则正确的 switch 语句是_____。

A. switch(x)
```
    {
        case 1.0: printf("*\n");
        case 2.0: printf("**\n");
    }
```

B. switch((int)x);
```
    {
        case 1: printf("*\n");
        case 2: printf("**\n");
    }
```

C. switch(a+b)
```
    {
        case 1: printf("*\n");
        case 2+1: printf("**\n");
    }
```

D. switch(a+b)
```
    {
        case 1: printf("*\n");
        case c: printf("**\n");
    }
```

【解析】

switch 后面的 "( )" 中只能是整型或字符型表达式，而选项 A 中使用的是实型变量 x，因此该项是错误的；选项 B 中，switch 语句后多了一个分号，因此该项是错误的；switch 语句中，case 后的标号只能是常量或常量表达式，而选项 D 中使用的是变量 c，因此该项是错误的。综上，只有选项 C 是正确的，故本题应选 C。

9. 以下叙述中正确的是_____。

A. break 语句只能用在 switch 语句体内

B. continue 语句的作用是使程序的执行流程跳出包含它的所有循环

C. break 语句只能用在循环体内和 switch 语句体内

D. 在循环体内使用 break 语句和 continue 语句的作用相同

【解析】

break 语句可以用在 switch 语句体或 while、do…while 和 for 3 种循环语句的循环体内，其作用是跳出 switch 语句或结束 3 种循环语句的执行, 故选项 A 是错误的, 而选项 C 是正确的; continue 语句只能用于 3 种循环语句中, 其作用是结束本次循环 (即不执行循环体中位于 continue 后面的语句) 并进入下一次循环, 故选项 B 是错误的; 由以上说明可知, break 语句和 continue 语句的作用不同, 故选项 D 是错误的。综上, 本题应选 C。

10. 以下程序运行的结果是_____。

```
#include<stdio.h>
void main()
{
    int a=-2,b=0;
    while(a++&&++b);
    printf("%d,%d\n",a,b);
}
```

    A. 1,3   B. 0,2   C. 0,3   D. 1,2

【解析】

在计算逻辑表达式时, 并不是所有的表达式都会被求解。只有在必须执行下一个表达式才能求解时, 才继续求解下一个表达式。

在以上程序中, 第一次执行 while 循环时, 条件表达式 "a++&&++b" 中的 "a++" 表示先判断后增 1, 由于 a 值此时为-2 (非 0), 因此必须求解表达式 "++b"。而 "++b" 表示先增 1 后判断, 故 b 值由 0 变为 1。也就是说, 条件表达式 "a++&&++b" 的结果为 1 (真), 因此执行一次循环体 (即空语句 ";") 后继续执行 while 循环 (注意, 在执行循环体之前, 还要给已进行过判断的 "a++" 加 1, 这时 a 值由-2 变为-1)。

第二次执行 while 循环时, 继续对表达式 "a++&&++b" 进行判断, 由于 a 值此时为-1 (非 0), 因此必须求解表达式 "++b", 故 b 值由 1 变为 2, 即条件表达式 "a++&&++b" 的结果为 1 (真), 因此执行一次循环体后继续执行 while 循环 (在执行循环体之前, 依然要给已进行过判断的 "a++" 加 1, 这时 a 值由-1 变为 0)。

第三次执行 while 循环时, 继续对表达式 "a++&&++b" 进行判断, 由于 a 值此时为 0, 因此无须求解表达式 "++b", 即 b 值仍为 2。此时条件表达式 "a++&&++b" 的结果为 0 (假), 不再执行循环体, 但仍要给已进行过判断的 "a++" 加 1, 这时 a 值由 0 变为 1。最终输出的 a、b 值分别为 1、2, 故本题应选 D。

11. 阅读程序, 给出程序的运行结果。

```
#include<stdio.h>
void main()
{
    int a=3,b=4,c=5,t=99;
    if(b<a&&a<c) t=a; a=c; c=t;
    if(a<c&&b<c) t=b; b=a; a=t;
    printf("%d,%d,%d\n",a,b,c);
}
```

【解析】

　　if 语句表示，当由 "()" 括起来的表达式为真（非 0）时，执行紧跟在 "()" 后的第一条语句或复合语句，否则执行紧跟在 else 后的第一条语句或复合语句。在本题程序中，if 语句没有 else 分支，故当 "()" 中的表达式为真时，执行紧跟在其后的第一条语句；当 "()" 中的表达式为假时，if 语句（包括 "()" 后的第一条语句）相当于一条空语句。在上述程序中，只有 "t=a;" 和 "t=b;" 是各自 if 语句的子句。因为第一条 if 语句的表达式 "b<a" 为假，所以要跳过 "t=a;" 语句，转而执行 "a=c;c=t;" 语句，这时各变量的值为 a=5、b=4、c=99；因为第二条 if 语句的表达式 "a<c&&b<c" 为真，所以后面的 3 条语句都被执行（这 3 条语句表示交换 a 和 b 的值）。因此程序的运行结果为 "4,5,99"。

　　12. 阅读程序，给出程序的运行结果。

```
#include<stdio.h>
void main()
{
    int a=3,b=4,c=5,d=2;
    if(a>b)
        if(b>c)
            printf("%d",(d++)+1);
        else
            printf("%d",++d+1);
    printf("%d\n",d);
}
```

【解析】

　　由于 C 语言中规定，else 总是和与其距离最近且不带 else 的 if 配对，因此在上述程序中，else 应与第二个 if 配对，该 if…else 语句是第一条 if 语句的子句。因为第一个 if 的表达式 "a>b"（"3>4"）为假，所以并不执行其后的 if…else 语句，而是执行最下面的输出语句，即输出 d 值。由于 d 值一直未被改变，因此程序的运行结果为 "2"。

　　13. 以下程序的功能是输出 a、b 和 c 3 个变量中的最小值，请填空。

```
#include<stdio.h>
void main()
{
    int a,b,c,t1,t2;
    scanf("%d%d%d",&a,&b,&c);
    t1=a<b?__(1)__;
    t2=c<t1?__(2)__;
    printf("%d\n",t2);
}
```

【解析】

　　条件表达式类似于 if 语句，是根据 "?" 前面的子表达式的逻辑值（非 0 或 0）来判断应计算 ":" 前面还是后面的子表达式，并将其作为整个条件表达式的结果的。本题题目要求输出 a、b 和 c 3 个变量中的最小值，故当 "a<b" 时应选 a，否则选 b。因此，第（1）空

应填 "a:b"，第（2）空应填 "c:t1"。

14. 以下程序的功能是计算 s=1+12+123+1234+12345，请填空。

```c
#include<stdio.h>
void main()
{
    int t=0,s=0,i;
    for(i=1;i<=5;i++)
    {
        t=i+_____ ;
        s=s+t;
    }
    printf("s=%d\n",s);
}
```

【解析】

本题要求累加一系列有规律的数。从输出结果看，s 保存的是最终结果，而 s 在循环体中每次累加一个 t，t 在 5 次循环中应分别等于 1、12、123、1234 和 12345。由于 t 每次循环等于 i+ "填空内容"，且 i 在 5 次循环中的值分别等于 1、2、3、4、5，因此在每次循环中，"填空内容" 应具有的值分别是 0、10、120、1230 和 12340，它们正好是前一次循环中 t 值的 10 倍，故横线处应填 "t*10" 或 "10*t"。

15. 阅读程序，给出程序的运行结果。

```c
#include<stdio.h>
void main()
{
    int k=5;
    while(--k)
        printf("%d",k-=3);
    printf("\n");
}
```

【解析】

在以上程序中，while 语句的循环条件里的 "--" 运算符是前缀形式，表达式 "--k" 的值是 k 自减之后的值。程序首先将 k 值初始化为 5，然后进入 while 循环，此时 "--k" 的值为 4（非 0），因此要执行循环体，输出 "k-=3" 的值，k 值由 4 变为 1。第二次执行 while 循环时，由于循环条件 "--k" 已使 k 值由 1 变为 0，因此无须执行循环体，循环到此结束。最终程序的运行结果为 "1"。

16. 阅读程序，给出程序的运行结果。

```c
#include<stdio.h>
void main()
{
    int y=10;
    while(y--);
    printf("y=%d\n",y);
}
```

【解析】

在以上程序中，while 语句的循环体是一条空语句，"(y--)"后面的";"就是 while 语句的循环体。因此只要清楚表达式"y--"何时为假（等于 0），就能得出结果了。因为程序中的"--"运算符是后缀形式，所以表达式"y--"的值是 y 自减之前的值。也就是说，当 y 等于 0 时，表达式"y--"就等于 0 了，但此时因"--"的作用，y 值还要减 1，所以循环结束后，y 的值为-1，即最终程序的运行结果为"-1"。

17. 阅读程序，给出程序的运行结果。

```
#include<stdio.h>
void main()
{
    int i,j,sum;
    for(i=3;i>=1;i--)
    {
        sum=0;
        for(j=1;j<=i;j++)
            sum+=i*j;
    }
    printf("%d\n",sum);
}
```

【解析】

本题的要点是 for 循环的嵌套。外循环执行 3 次，循环变量 i 从 3 递减到 1，即 i 值分别是 3、2、1。由于在外循环的循环体中，每次都将 sum 重新赋值为 0，因此只有最后一次外循环才对 sum 的影响有效。也就是说，我们可以只考虑最后一次外循环（i 值为 1）时的情况：先给 sum 赋 0，然后进入内循环的 for 语句，循环变量 j 从 1 递增到 i，此时 i 值为 1，即内循环只循环一次（j 值为 1）。在内循环中，sum 被加上了 i*j 的值，而这时 i*j = 1*1 = 1，故 sum 的值为 1，即最终程序的运行结果为"1"。

18. 下面程序的功能是输出如下形式的方阵，请填空。

13	14	15	16
9	10	11	12
5	6	7	8
1	2	3	4

```
#include<stdio.h>
void main()
{
    int i,j,x;
    for(j=4;j  (1)  ;j--)
    {
        for(i=1;i<=4;i++)
        {
            x=(j-1)*4+  (2)  ;
            printf("%4d",x);
```

```
        }
        printf("\n");
    }
}
```

【解析】

上述程序使用了一个两层的 for 循环。从外层 for 循环的最后一条语句"printf("\n");"中可以看出，外层 for 循环每循环一次，就输出方阵的一行。因为题目要求输出的方阵共 4 行，所以外层 for 循环应循环 4 次。从外层 for 语句的表达式"j=4"和"j--"中可以看出，循环变量 j 在 4 次循环中的值分别为 4、3、2、1，故二者中间的表达式应为"j>=1"、"j>0"或"j!=0"，以保证在 j 等于 0 时结束循环。因此，第（1）空应填">=1"、">0"或"!=0"。

内层 for 循环用于控制每行输出 4 个数，循环变量 i 从 1 递增到 4。因为每行的 4 个结果都符合加 1 递增的规律，所以它们减去循环变量 i 后得到的是一个常数，即这 4 行的常数分别是 12、8、4 和 0，恰好与 4 次内循环中出现的"(j-1)*4"的值一致，故只需要在第（2）空填入"i"，便可使 4 次内循环中计算出的 x 值分别为每行中对应的 4 个数。因此，第（2）空应填"i"。

19. 若程序运行时由键盘输入"18,11↙"，请分析程序的运行结果。

```
#include<stdio.h>
void main()
{
    int a,b;
    scanf("%d,%d",&a,&b);
    while(a!=b)
    {
        while(a>b)  a-=b;
        while(b>a)  b-=a;
    }
    printf("%3d,%3d\n",a,b);
}
```

【解析】

首先，程序通过 scanf 语句将 18 和 11 分别读到变量 a 和变量 b 中。然后，因为"a!=b"为真，所以进入外层 while 循环，此时内层的第一条 while 语句后的表达式"a>b"为真，执行语句"a-=b;"，a 值由 18 变为 7。因为内层的第二条 while 语句后的表达式"b>a"为真，所以执行语句"b-=a;"，b 值由 11 变为 4。

因为此时"a!=b"仍为真，所以再次进入外层 while 循环：内层的第一条 while 语句后的表达式"a>b"为真，执行语句"a-=b;"，a 值由 7 变为 3；内层的第二条 while 语句后的表达式"b>a"为真，执行语句"b-=a;"，b 值由 4 变为 1。

因为此时"a!=b"仍为真，所以再次进入外层 while 循环：内层的第一条 while 语句后的表达式"a>b"为真，执行语句"a-=b;"，a 值由 3 变为 2；内层的第二条 while 语句后的表达式"b>a"为假，不执行语句"b-=a;"。

因为此时 "a!=b" 仍为真，所以再次进入外层 while 循环：内层的第一条 while 语句后的表达式 "a>b" 为真，执行语句 "a-=b;"，a 值由 2 变为 1；内层的第二条 while 语句后的表达式 "b>a" 为假，不执行语句 "b-=a;"。

此时 a 和 b 均为 1，"a!=b" 为假，结束外层 while 循环，最终程序的运行结果为 "1,1"。

20. 阅读程序，给出程序的运行结果。

```c
#include<stdio.h>
void main()
{
    int i=5;
    do
    {
        if(i%3==1)
            if(i%5==2)
            {
                printf("*%d",i);
                break;
            }
        i++;
    }while(i!=0);
    printf("\n");
}
```

【解析】

上述程序首先给 i 赋初值 5，然后进入 do…while 语句的循环体，即先对外层的 if 语句的表达式 "i%3==1" 进行判断，因为 5%3=2，条件表达式的结果为假，所以跳过下面的 if 语句，执行语句 "i++;"，i 值由 5 变为 6，第一次 do…while 循环结束。

此时 "i!=0" 为真，再次进入 do…while 语句的循环体：因为外层的 if 语句的表达式 i%3=6%3=0，不满足 "i%3==1"，所以跳过下面的 if 语句，执行语句 "i++;"，i 值由 6 变为 7，第二次 do…while 循环结束。

此时 "i!=0" 仍为真，再次进入 do…while 语句的循环体：此时外层的 if 语句的表达式 i%3=7%3=1，满足 "i%3==1"，故执行下面的 if 语句，即判断条件表达式 "i%5==2" 的真假，由于 7%5 正好等于 2，因此执行语句 "printf("*%d",i);break;"，输出 "*7"（i 值为 7）后跳出 do…while 循环，即最终程序的运行结果为 "*7"。

21. 有以下 2 个程序段，且变量已正确定义和赋值，请填空，使程序段①和程序段②的功能完全相同。

```c
① for(s=1.0,k=1;k<=n;k++)
     s=s+1.0/(k*(k+1));
  printf("s=%f\n",s);
② s=1.0;k=1;
   while(____(1)____)
   {
   s=s+1.0/(k*(k+1));
       (2)     ;
```

```
    }
    printf("s=%f\n",s);
```

【解析】

　　while 语句和 for 语句的作用都是控制循环体语句的执行，两者之间可以相互转换。将"while(表达式)语句;"写成"for(;表达式;)语句;"，即可将 while 语句转换为 for 语句。

　　反之，要想将"for(表达式 1;表达式 2;表达式 3)语句;"转换为 while 语句，则可写成以下格式。

```
表达式 1;
while(表达式 2)
{
语句;
表达式 3;
}
```

　　因此，本题的两个空应分别填写 for 语句的表达式 2 和表达式 3，即"k<=n"和"k++"。

22. 阅读程序，给出程序的运行结果。

```
#include<stdio.h>
void main()
{
    int i,n=0;
    for(i=2;i<5;i++)
    {
        do
        {
            if(i%3) continue;
            n++;
        }while(!i);
        n++;
    }
    printf("n=%d\n",n);
}
```

【解析】

　　do…while 语句是先执行一次循环体，然后对 while 后面的表达式进行计算和判断，若表达式的结果为真，则再次执行循环体，否则结束 do…while 循环。continue 语句的作用是结束本次循环，即跳过本次循环中余下的那些尚未执行的语句，转而对决定是否再次循环的表达式进行判断。

　　在以上程序中，外层的 for 语句根据 i 值循环了 3 次，即 i 值为 2、3、4 时执行循环。

　　首先执行 i=2 时的循环：执行 do 循环，因为 if 语句的表达式"i%3"为真，所以执行continue 语句，结束本次 do 循环并判断 while 后的循环条件"!i"。因为"!i"为假，所以跳出 do…while 循环，执行 do 语句之外的"n++;"语句，此时 n 值由 0 变为 1。至此，一次for 循环结束。

　　然后执行 i=3 时的循环：执行 do 循环，因为 if 语句的表达式"i%3"为假，所以不执行 continue 语句，而是执行位于 if 语句之后的 "n++;" 语句（此时 n 值由 1 变为 2）。之后结束本次 do 循环，并继续判断 while 后的循环条件 "!i"。因为 "!i" 为假，所以跳出 do… while 循环，执行 do 语句之外的 "n++;" 语句，此时 n 值由 2 变为 3。

接下来执行 i=4 时的循环：执行 do 循环，因为 if 语句的表达式 "i%3" 为真，所以执行 continue 语句，结束本次 do 循环并判断 while 后的循环条件 "!i"。因为 "!i" 为假，所以跳出 do…while 循环，执行 do 语句之外的 "n++;" 语句，此时 n 值由 3 变为 4。由于 for 语句的 i 值已经变为 5，因此应结束 for 循环，最终程序的运行结果为 "4"。

23. 阅读程序，给出程序的运行结果。

```
#include<stdio.h>
void main()
{
    int a=1,b;
    for(b=1;b<10;b++)
    {
        if(a>=8)
            break;
        if(a%2==1)
        {
            a+=5;
            continue;
        }
        a-=3;
    }
    printf("%d\n",b);
}
```

【解析】

本题的要点在于理解 break 语句和 continue 语句的区别：在一个循环体内，如果遇到 break 语句，则结束该循环语句的执行；如果遇到 continue 语句，则跳过循环体中位于 continue 后面的语句，并开始下次循环的判断和执行。

在上述程序中，a 的初值为 1，在 for 语句的循环体中，第一条 if 语句判断 "a>=8"，如果该表达式为真，则执行 break 语句并跳出 for 循环。第二条 if 语句判断 "a%2==1"（即判断 a 是否为奇数），如果该表达式为真，则执行 "a+=5;"（即给 a 累加一个 5）及 continue 语句，从而跳过 for 循环体中剩余的语句 "a-=3;"，并开始下一次循环。若两条 if 语句的条件都不满足，则只执行 "a-=3;" 语句（即给 a 自减 3）。

上述程序的执行过程：第一次 for 循环开始时，a 值为 1，其不大于 8 且为奇数，故给 a 累加 5（此时 a 值变为 6），并开始下一次 for 循环；第二次 for 循环开始时，a 值为 6，其不大于 8 且不为奇数，故给 a 自减 3（此时 a 值变为 3），并开始下一次 for 循环；第三次 for 循环开始时，a 值为 3，其不大于 8 且为奇数，故给 a 累加 5（此时 a 值变为 8），并开始下一次 for 循环；第四次 for 循环开始时，a 值为 8，满足第一条 if 语句的条件 "a>=8"，故执行 break 语句，跳出 for 循环。由于 for 语句的循环控制变量 b 在第一次循环时等于 1，之后每循环一次就加 1，因此最后 b 值为 4，即最终程序的运行结果为 "4"。

24. 下面程序的功能是输入任意整数给 n 后，输出 n 行由大写英文字母 A 开始构成的三角形字符阵列图形。例如，当输入整数 5 时（注意，n 不得大于 10），程序的运行结果如下。

```
A B C D E
F G H I
J K L
M N
O
```

请填空完成该程序。

```
#include<stdio.h>
void main()
{
    int i,j,n;
    char ch='A';
    scanf("%d",&n);
    if(n<11)
    {
        for(i=1;i<=n;i++)
        {
            for(j=i;j<=n;j++)
            {
                printf("%2c",ch);
                    (1)    ;
            }
                (2)    ;
        }
    }
    else
        printf("n is too large!\n");
    printf("\n");
}
```

【解析】

实现题目中要求的三角形字符阵列输出需要两重循环，其中外循环控制行，内循环控制列（即负责输出当前行中的所有字符）。在上述程序中，因为字符变量 ch 被初始化为'A'，而内循环中有一条输出 ch 值的语句，且整个程序中没有改变 ch 值的语句，所以第（1）空应填 "ch++" 或与其等价的表达式，如 "++ch" "ch=ch+1" 等，以便每次输出一个字母之后，ch 值都能顺序变为下一个字母。内循环结束后，当前行的字母序列已输出完毕，此时要开始下一行的输出，因此第（2）空应填入一条可实现输出一个换行符的功能的语句，如 "printf("\n");" 或 "putchar("\n");"。

25. 下面程序的功能是将输入的正整数按逆序输出。例如，若输入 135，则输出 531。请填空。

```
#include<stdio.h>
void main()
{
    int n,s;
    scanf("%d",&n);
    do
    {
        s=n%10;
        printf("%d",s);
        _____;
    }while(n!=0);
    printf("\n");
}
```

【解析】

上述程序通过 do…while 语句来实现正整数的逆序输出，在该 do…while 循环中，每次都是通过"n%10"来取出 n 的个位数字并输出该数字的。如果 n 值不改变，则每次循环输出的都将是 n 的个位数字，这样永远也无法结束 do 循环。因此，横线处填入的语句既要保证 n 值不断减小到 0（以便最终结束 do 循环），又要保证下一次循环时，n 的每一位都相继右移一位（即都能到达个位数的位置上），从而将输入的正整数按逆序输出。故横线处应填"n=n/10"。

26. 阅读程序，给出程序的运行结果。

```
#include<stdio.h>
void main()
{
    int k=5,n=0;
    while(k>0)
    {
        switch(k)
        {
            default: break;
            case 1: n+=k;
            case 2:
            case 3: n+=k;
        }
        k--;
    }
    printf("%d\n",n);
}
```

【解析】

switch 语句中的 case 或 default 只是一种入口标号，当满足其中某个标号的条件时，从该标号处进入 switch 语句并开始执行，若没有遇到 break 语句，则一直执行到 switch 语句的结尾处。

上述程序使用了一个 while 循环，使 k 值由 5 递减到 1。当 k=5 或 4 时，从 default 标号处进入 switch 语句，由于该入口遇到的是 break 语句，因此要马上跳出 switch 语句，也就是说，没有做任何事；当 k=3 时，从 case 3 标号处进入 switch 语句，并执行一次"n+=k;"语句（此时 n 值由 0 变为 3），随后到达 switch 语句的结尾处；当 k=2 时，从 case 2 标号处进入 switch 语句，并执行一次"n+=k;"语句（此时 n 值由 3 变为 5），随后到达 switch 语句的结尾处；当 k=1 时，从 case 1 标号处进入 switch 语句，并执行两次"n+=k;"语句（此时 n 值由 5 变为 7），随后到达 switch 语句的结尾处。故最终程序的运行结果为"7"。

27. 阅读程序，给出程序的运行结果。

```c
#include<stdio.h>
void main()
{
    int k=5,n=0;
    do
    {
        switch(k)
        {
            case 1:
            case 3: n+=1;k--;break;
            default: n=0;k--;
            case 2:
            case 4: n+=2;k--;break;
        }
        printf("%d\n",n);
    }while(k>0&&n<5);
}
```

【解析】

上述程序首先将 k 初始化为 5，n 初始化为 0，然后进入 do…while 循环：执行 switch 语句，由于 k 值为 5 且没有 case 5 标号，因此从 default 标号处进入 switch 语句并开始执行，即 n 被置 0，k 自减 1（此时 k 值由 5 变为 4）。因为没有 break 语句，所以要继续执行下面的语句，即 n 自增 2（此时 n 值由 0 变为 2），k 再减 1（此时 k 值由 4 变为 3），随后到达 switch 语句的结尾处，输出 n 值。

接着判断 do…while 的循环条件"k>0&&n<5"为真，执行 do 循环：进入 switch 语句，因为 k 值为 3，所以从 case 3 标号处进入 switch 语句并开始执行，即 n 自增 1（此时 n 值由 2 变为 3），k 自减 1（此时 k 值由 3 变为 2），这时遇到 break 语句，故结束 switch 语句的执行，输出 n 值。

继续判断 do…while 的循环条件"k>0&&n<5"为真，执行 do 循环：进入 switch 语句，因为 k 值为 2，所以从 case 2 标号处进入 switch 语句并开始执行，即 n 自增 2（此时 n 值由 3 变为 5），k 自减 1（此时 k 值由 2 变为 1），这时遇到 break 语句，故结束 switch 语句的执行，输出 n 值。

再次判断 do…while 的循环条件"k>0&&n<5"，由于此时的 n 为 5，已不满足"n<5"的条件，因此结束 do…while 循环。最终程序的运行结果如下。

```
    2
    3
    5
```

28. 求出 10 ~ 1000 中能同时被 2、3、7 整除的数。

【参考程序】

```c
#include<stdio.h>
void main()
{
    int i,n=0;
    for(i=10;i<=1000;i++)
        if(i%2==0&&i%3==0&&i%7==0)
        {
            printf("%5d",i);
            n++;
            if(n%10==0)
                printf("\n");
        }
    printf("\n");
}
```

29. 编写程序求 s=a+aa+aaa+…+aaa…a，其中 a 为小于 10 的整数。例如，2+22+222，此时 a=2，n=3（a 和 n 由键盘输入）。

【参考程序】

```c
#include<stdio.h>
void main()
{
    int i,a,n,t=0,s=0;
    printf("Input a,n:");
    scanf("%d,%d",&a,&n);
    for(i=0;i<n;i++)
    {
        t=t*10+a;          //形成通项
        s=s+t;             //求累加和
    }
    printf("s=%d\n",s);
}
```

30. 按下面的格式输出九九乘法表。

1*1=1	1*2=2	1*3=3	1*4=4	1*5=5	1*6=6	1*7=7	1*8=8	1*9=9
	2*2=4	2*3=6	2*4=8	2*5=10	2*6=12	2*7=14	2*8=16	2*9=18
		3*3=9	3*4=12	3*5=15	3*6=18	3*7=21	3*8=24	3*9=27
								⋮
							8*8=64	8*9=72
								9*9=81

编程提示：实现题目中要求的九九乘法表输出需要两层 for 循环，其中外层 for 循环控制行的变化；内层使用两个 for 循环，前一个用于控制当前行前面的空格输出（注意，转义字符 '\t' 代表 8 个空格符），后一个用于控制当前行的乘法口诀输出。

【参考程序 1】

```
#include<stdio.h>
void main()
{
    int i,j;
    for(i=1;i<=9;i++)
    {
        for(j=1;j<i;j++)
            printf("\t");
        for(j=i;j<=9;j++)
            printf("%3d*%d=%2d",i,j,i*j);
        printf("\n");
    }
}
```

【参考程序 2】

```
#include<stdio.h>
void main()
{
    int i,j;
    for(i=1;i<=9;i++)
    {
        for(j=1;j<=9;j++)
            if(i>j)
printf("\t");
            else
                printf("%3d*%d=%2d",i,j,i*j);
        printf("\n");
    }
}
```

31. 用程序实现下面图形的输出。

```
        *
       ***
      **  **
     **    **
      **  **
       ***
        *
```

编程提示：

（1）由于该图形是上下对称的，因此行号可设为-n~n，以简化程序。

（2）对于空心菱形图形，可设边的厚度为 m 个字符，并采用填空法在图形中空的地方显示空格符。

【参考程序】

```
#include<stdio.h>
#include<math.h>
void main()
{
    int i,j,k,n=3,m=2;
    for(i=-n;i<=n;i++)
    {
        k=n-abs(i);
        for(j=0;j<=n-k;j++)
            printf(" ");
        for(j=-k;j<=k;j++)
            if(abs(j)>k-m)
                printf("*");
            else
                printf(" ");
        printf("\n");
    }
}
```

32. 将一堆礼物平均分成若干份，从 2 个一份一直试到 6 个一份，划分时总是多出一个礼物，试用程序求解这堆礼物至少有多少个。

编程提示：本题与爱因斯坦阶梯问题类似。【参考程序 1】与配套教程中解决爱因斯坦阶梯问题的方法二类似（参见配套教程中的【例 3.31】）。【参考程序 2】采用 while 循环，由 2 个礼物开始，通过 for 循环中的循环控制变量 i 来对 r 进行划分：当 i 值由 2 到 6 变化时，"r%i==1"即为所求；当 i 值等于 6 时，跳出所有循环并输出 r 值。i 值在由 2 到 6 变化时，只要有一次"r%i"的值不为 1，就结束 for 循环，并给 r 值增 1，然后开始下一次 while 循环，继续寻找所求 r 值。

【参考程序 1】

```
#include<stdio.h>
void main()
{
    int r=2;
    do
     r++;
    while(r%2!=1||r%3!=1||r%4!=1||r%5!=1||r%6!=1)
    printf("r=%d\n",r);
}
```

【参考程序 2】

```
#include<stdio.h>
void main()
{
    int i,r=2;
    while(1)
    {
```

```
    for(i=2;r%i==1;i++)
     if(i==6)
         goto l1;
    r++;
    }
l1: printf("r=%d\n",r);
}
```

33. 用程序实现字母金字塔的输出。

A

A B

A B C

…　　　…

A B … … … … Y Z

编程提示：本题的解法与配套教程中提供的数字金字塔图形的解法类似。

【参考程序】

```
#include<stdio.h>
void main()
{
    int i,n=30;
    char ch1,ch2;
    for(ch1='A';ch1<='Z';ch1++)
    {
        for(i=1;i<=n;i++)
            printf(" ");
        for(ch2='A';ch2<=ch1;ch2++)
            printf("%2c",ch2);
        printf("\n");
        n--;
    }
}
```

34. 圣诞老人第一年把 5 个礼物分给了 5 个孩子，第二年又把同样的 5 个礼物分给这 5 个孩子，每个孩子得到的礼物与上一年得到的都不同，用程序找出并输出分礼物的所有方案。

编程提示：设字符'a'、'b'、'c'、'd'和'e'代表 5 件礼物，且分给了 c_1、c_2、c_3、c_4 和 c_5 5 个孩子，则按题意要求有以下 6 项共识。

（1）c_1、c_2、c_3、c_4、c_5 得到的礼物各不相同。

（2）c_1 得到的礼物在'b'~'e'之间。

（3）c_2 得到的礼物在'a'~'e'之间，但不能是'b'。

（4）c_3 得到的礼物在'a'~'e'之间，但不能是'c'。

（5）c_4 得到的礼物在'a'~'e'之间，但不能是'd'。

（6）c5 得到的礼物在'a'～'d'之间。

【参考程序】

```
#include<stdio.h>
void main()
{
    int n=0;
    char c1,c2,c3,c4,c5;
    for(c1='b';c1<='e';c1++)
        for(c2='a';c2<='e';c2++)
            for(c3='a';c3<='e';c3++)
                for(c4='a';c4<='e';c4++)
                    for(c5='a';c5<='d';c5++)
                        if((c1!=c2&&c1!=c3&&c1!=c4&&c1!=c5)&&
                           (c2!=c3&&c2!=c4&&c2!=c5)&&(c3!=c4&&c3!=c5)
                           &&(c4!=c5)&&(c2!='b'&&c3!='c'&&c4!='d'))
                        {
                            printf("\t%c%c%c%c%c",c1,c2,c3,c4,c5);
                            n++;
                            if(n%4==0) printf("\n");
                        }
}
```

35. 编写程序找出 1～1000 中的全部同构数。若一个数的平方的尾数与该数相同，则该数是同构数。例如：

$5^2 = 25$

$6^2 = 36$

$25^2 = 625$

编程提示：如果 i 是同构数，那么：

（1）当 i<10 时，i*i-i 的结果的个位数为 0。

（2）当 10≤i<100 时，i*i-i 的结果的个位数和十位数均为 0。

（3）当 100≤i<1000 时，i*i-i 的结果的个位数、十位数和百位数均为 0。

【参考程序 1】

```
#include<stdio.h>
void main()
{
    int i,s;
    for(i=2;i<1000;i++)
    {
        s=i*i-i;
        if((i<10&&s%10==0)||(i>=10&&i<100&&s%100==0)
           ||(i>=100&&i<1000&&s%1000==0))
            printf("%d*%d=%d\n",i,i,i*i);
    }
}
```

【参考程序 2】

```c
#include<stdio.h>
void main()
{
    int i;
    for(i=2;i<1000;i++)
        if(i*i%10==i||i*i%100==i||i*i%1000==i)
            printf("%d\n",i);
}
```

【参考程序 3】

```c
#include <stdio.h>
void main()
{
    int i,k=10;
    for(i=2;i<=999;i++)
    {
        if(i==k)
            k=k*10;
        if(i*i%k==i)
            printf("%d\n",i);
    }
}
```

36. 对于三位数 abc，若有 $abc=a^3+b^3+c^3$，则称 abc 是水仙花数，如 $153=1^3+5^3+3^3$，求出所有符合条件的水仙花数。

编程提示： 由题意可知，该数的求解范围是 $100 \sim 999$，因此可用 for 循环求解。三位数的各位数中，百位数是将该三位数除以 100（含去结果的小数部分）；十位数是先将该三位数除以 10（即含去个位数，变成一个二位数），然后对 10 取余；个位数是将该三位数直接对 10 取余。

【参考程序】

```c
#include<stdio.h>
void main()
{
    int a,b,c,i;
    for(i=100;i<=999;i++)
    {
        a=i/100;
        b=(i/10)%10;
        c=i%10;
        if(i==a*a*a+b*b*b+c*c*c)
            printf("%d=%d^3+%d^3+%d^3\n",i,a,b,c);
    }
}
```

注意： 十位数和个位数的分离还可采用如下语句实现。

```
b=(i-a*100)/10;
c=i-i/10*10;
```

37. 古希腊人认为因子之和等于它本身的数为完数，例如，28 的因子是 1、2、4、7、14，且 1+2+4+7+14=28，则 28 是完数。求 2~1000 中的完数。

【参考程序】

```
#include<stdio.h>
void main()
{
    int i,j,sum;
    for(i=2;i<=1000;i++)
    {
        sum=0;
        for(j=1;j<i;j++)
            if(i%j==0)
                sum=sum+j;
        if(i==sum)
        {
            printf("%4d its factors are",i);
            for(j=1;j<i;j++)
                if(i%j==0)
                    printf("%d,",j);
            printf("\n");
        }
    }
}
```

注意：上述参考程序中，外层 for 循环用于将 i 控制在 2~1000 的取值范围内，内层 for 循环用于对 i（由 1 到 i−1）取余。若某次得到的余数为 0，则该数是 i 的一个因子。我们将 i 的所有因子累加并保存到 sum 中，如果最终 i 值与 sum 值相等，则这个 i 是完数。但上述求余过程中，我们并没有将这个完数的每一个因子保存下来，因此要重复一次对这个完数求因子的过程。不同之处在于，这次取余找到的每一个因子都要被输出（已知其为完数的因子），这一操作是由内层的 if 语句来完成的。若寻找出的 i 值与 sum 值不相等，则这个 i 不是完数，应继续进行下一次寻找。

38. 给定一个正整数，求出它的质因子，并按如下形式输出。

```
15=3*5
20=2*2*5
```

【参考程序】

```
#include<stdio.h>
void main()
{
    int x,i,flag;
    i=2;
    flag=1;                         /*第1次应输出"=质因子"标志*/
    printf("Input x:");
    scanf("%d",&x);
```

```
    printf("%d",x);
    while(i<=x)
    {
        if(x%i==0)
        {
            x=x/i;
            if(flag)
            {
                flag=0;                              /*置非第1次标志*/
                printf("=%d",i);
            }
            else
                printf("*%d",i);
        }
        else
            i++;
    }
    printf("\n");
}
```

注意： 在上述参考程序中，输入的数被保留在了 x 中。为了使输出的 x 的质因子由小到大排列，在 while 循环中，变量 i 应从 2 开始，每次递增 1，以逐个判别 x 能否被 i 整除。如果 x 能被 i 整除，则这个 i 是 x 的一个因子，此时将 x 缩小 i 倍，并输出因子 i。继续判断新的 x 能否被 i 整除，若能，则继续将 x 缩小 i 倍，并再次输出因子 i。重复以上过程，直到 x 的当前值不再被 i 整除。此时给 i 增 1，继续重复前面的过程，当 i 与 x 相等时，再次输出 i。因为 i 等于 x 时，i 仍是 x 的因子，所以 while 循环的判断条件是"i<=x"而非"i<x"。

此外，为了按指定的输出格式进行输出，在第 1 个因子输出之前，应输出"="；在其余因子输出之前，应输出"*"。为此，我们在程序中设置了一个变量 flag，初始时置 flag 值为 1，输出每一个因子时应先对 flag 值进行判断：若 flag 值为 1，则表明当前输出的因子是第 1 个因子，故在其前面输出"="。然后置 flag 值 0，此后输出因子时，由于 flag 值为 0，因此当前输出的因子已不再是第 1 个因子，故在其前面输出"*"。

39. 设一个数列的前三项为 0、1 和 2，以后各项是前三项之和，求该数列的前 20 项。

编程提示： 本题的解法与斐波那契数列的解法类似。

【参考程序】

```c
#include<stdio.h>
void main()
{
    int a1=0,a2=1,a3=2,a,i;
    for(i=4;i<20;i++)
    {
        a=a1+a2+a3;
        printf("%8d%8d%8d",a1,a2,a3);
        a1=a2;
```

```
        a2=a3;
        a3=a;
        if(i%2==1)
              printf("\n");
    }
    printf("\n");
}
```

40. 用圆的内接正多边形的面积代替圆的面积的方法计算 π 值。

编程提示： 圆的面积计算公式为 $S=\pi R^2$，当 $R=1$ 时，$S=\pi$。因此可以通过迭代法求 R 为 1 的圆内接正 3×2^n（$n=1$、2、3……）边形的面积，当 $n\to\infty$ 时，正 3×2^n 边形的面积就是圆的面积。在图 3.1 中，AB 为圆的内接正 n 边形的边，AC 为圆的内接正 $2n$ 边形的边，则正 $2n$ 边形的面积＝正 n 边形的面积＋$n\times\triangle ABC$ 的面积。$\triangle ABC$ 的高 $DC=1-OD=1-\sqrt{1^2-AD^2}$，正 $2n$ 边形的边 $AC=\sqrt{CD^2+AD^2}$。

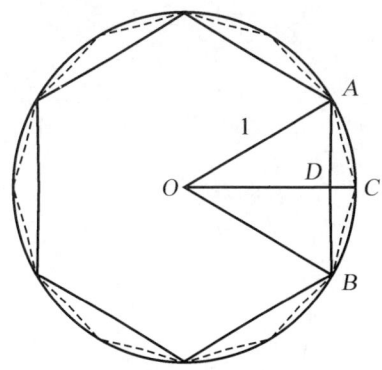

图 3.1 圆内接正六边形示意图

程序中用 m 表示圆内接正 n 边形的边数，初始时 m 为 6，圆内接正六边形的面积 S 可以通过图 3.1 得到，从图 3.1 中可以看出，$\triangle AOB$ 为等边三角形。$S_{\triangle AOD}=\dfrac{1}{2}OD\times\dfrac{AB}{2}=\dfrac{1}{4}\sqrt{OA^2-\left(\dfrac{AB}{2}\right)^2}=\dfrac{1}{8}\sqrt{3}$，即圆内接正六边形的面积 $S=12\times\dfrac{1}{8}\sqrt{3}=\dfrac{3}{2}\sqrt{3}$，我们将 $\dfrac{3}{2}\sqrt{3}$ 作为圆内接正 n 边形面积的初始迭代值，并在迭代过程中用 s1、s 分别存放迭代前后的值，当 s 与 s1 的差的绝对值小于 10^{-7} 时，迭代结束。

【参考程序】

```
#include<stdio.h>
#include<math.h>
void main()
{
    int m;
    float a,s,s1,h;
    a=1;m=6;
    s=3*sqrt(3)/2;
    do
```

```
{
    printf("%6d%12.8f\n",m,s);
    s1=s;
    h=1-sqrt(1-a*a/4);
    s=s+m*a*h/2;
    a=sqrt(h*h+a*a/4);
    m=m*2;
}while(fabs(s-s1)>1e-7);
}
```

41. 草地上有一堆野果，有一只猴子每天吃掉这堆野果的一半加一个，5 天后刚好吃完这堆野果。编写程序求这堆野果原来共有多少个及猴子每天吃多少个野果。

编程提示：本题应采用倒推法求解。即由第 5 天开始，第 5 天后剩余的野果数为 0，且存在前一天的野果数是后一天的野果数加 1 后乘 2 的对应关系。

【参考程序】

```
#include<stdio.h>
void main()
{
    int day,x1,x2;
    day=5;                  //初值设为第 5 天
    x2=0;                   //第 5 天后剩余的野果数为 0
    while(day>0)
    {
        x1=(x2+1)*2;
//前一天的野果数（x1）是后一天的野果数（x2）加 1 后乘 2
        x2=x1;
        day--;
    }
    printf("Total=%d\n",x1);
}
```

42. 根据下面的泰勒公式求 $\sin x$ 的近似值，要求误差小于 10^{-6}。

$$\sin x = x - \frac{x^3}{3!} + \frac{x^5}{5!} - \frac{x^7}{7!} + \cdots + \frac{(-1)^i x^{2i+1}}{(2i+1)!}$$

编程提示：设多项式中的每一项与程序中的整型变量 n 对应，n 依次取 1、3、5、7……。由多项式前一项计算后一项的公式为

$$t \times \frac{-x^2}{(n-1) \times n}$$

【参考程序】

```
#include<stdio.h>
#include<math.h>
void main()
{
    float s,t,x;
```

```
    int n;
    printf("Input x:");
    scanf("%f",&x);
    t=x;n=1;s=x;
    do{
        n=n+2;
        t=t*(-x*x)/(float)(n-1)/(float)n;
        s=s+t;
    }while(fabs(t)>=1e-7);
    printf("sin(%f)=%f\n",x,s);
}
```

第 4 章

数组习题解析

1. 下面叙述中错误的是_____。

A. 对于 double 类型的数组，不可以直接用数组名对数组进行整体输入或输出

B. 数组名代表的是数组所占存储区的首地址，其值不可改变

C. 在程序运行过程中，当数组元素的下标超出所定义的下标范围时，系统将给出"下标越界"的出错信息

D. 可以通过赋初值的方式确定数组元素的个数

【解析】

在 C 语言中，可以对字符数组进行整体输入或输出，例如，对于字符数组"char x[5];"，可使用"scanf("%s",x);"和"printf("%s",x);"对 x 进行整体输入和输出。除此之外的其他数组是不可以直接用数组名对数组进行整体输入或输出的，因此选项 A 是正确的。数组名表示该数组在内存中存放的首地址，是一个地址常量，其值不可改变，因此选项 B 是正确的。在程序运行过程中，系统并不检查数组元素的下标是否越界，因此选项 C 是错误的。C 语言可以通过赋初值的方式确定数组元素的个数，如"char x[ ]={'A','B','C'};"中，数组元素的个数为 3，因此选项 D 是正确的。综上，本题应选 C。

2. 以下能正确定义一维数组的是_____。

A. int a[5]={0,1,2,3,4,5};   B. char a[]={0,1,2,3,4,5};

C. char a={'A','B','C'};   D. int a[5]="0123";

【解析】

定义并初始化一维数组的一般形式如下。

类型标识符 数组名[常量表达式]={初始化列表};

当使用初始化列表来初始化数组时，初始化列表中的项数必须小于或等于常量表达式的值，因此选项 A 是错误的。有初始化列表时，常量表达式可以省略，但方括号"[ ]"不能省略，因此选项 C 是错误的。只有当定义并初始化的是字符数组时，"{初始化列表}"才可以用由双引号""""引起来的字符串常量代替，而选项 D 中定义并初始化的是一个整型

数组，不能使用字符串常量来代替 "{初始化列表}"，因此该项是错误的。字符型数据既能以字符形式表示，也能以整型形式表示，故选项 B 是正确的。综上，本题应选 B。

3. 已知定义语句 "char a[]="xyz",b[]={'x','y','z'};"，下面叙述中正确的是_____。

A. 数组 a 和数组 b 的长度相同　　　　B. 数组 a 的长度小于数组 b 的长度

C. 数组 a 的长度大于数组 b 的长度　　　D. A、B、C 选项都不正确

【解析】

定义并初始化字符型一维数组时，既可以使用初始化列表，也可以使用字符串常量。不过由于字符串常量会自动在字符串尾部加上'\0'字符作为结束标志，因此字符串常量的初始化列表的项数是字符串中的字符个数加 1。本题中的 "char a[]="xyz"" 等价于 "char a[]={'x','y','z','\0'}"，因此数组 a 的长度大于数组 b 的长度，本题应选 C。

4. 若已知定义语句 "int m[]={5,4,3,2,1},i=4;"，则下面对 m 数组元素引用错误的是_____。

A. m[--i]　　　　B. m[2*2]　　　　C. m[m[0]]　　　　D. m[m[i]]

【解析】

在 C 语言中，数组下标是从 0 开始的，因此下标的上限是数组元素的个数减 1，超过这个范围引用数组元素会造成运行错误。本题中的数组 m 有 5 个元素，所以数组 m 的下标的取值范围是 0 ~ 4。选项 A 中，"--i"的值为 3；选项 B 中，"2*2"的值为 4；选项 C 中，"m[0]"的值为 5；选项 D 中，"m[i]"（也就是 m[4]）的值为 1。综上，只有选项 C 引用的数组元素越界了，故本题应选 C。

5. 下面二维数组定义正确的是_____。

A. int a[][3];　　　　　　　　　　B. int a[][3]={2*3};

C. int a[][3]={};　　　　　　　　　D. int a[2][3]={{1},{2},{3,4}};

【解析】

定义二维数组时，可以省略第一维的长度，但这种省略只能在二维数组已被定义并初始化的情况下出现。在选项 A 中，省略了第一维的长度，但没有在定义的同时进行初始化，因此该项是错误的；在选项 B 中，虽然省略了第一维的长度，但在定义的同时进行了初始化，尽管该初始化列表中仅有一项，但其明确了该数组为 1 行 3 列，因此该项是正确的；在选项 C 中，虽然省略了第一维的长度，但初始化列表中无任何选项，因此该项是错误的；在选项 D 中，定义的是一个 2 行 3 列的数组，但初始化了 3 行的值，因此该项是错误的。综上，本题应选 B。

6. 下面二维数组定义错误的是_____。

A. int x[][3]={{0},{1},{1,2,3}};

B. int x[4][3]={{1,2,3},{1,2,3},{1,2,3},{1,2,3}};

C. int x[4][]={{1,2,3},{1,2,3},{1,2,3},{1,2,3}};

D. int x[][3]={1,2,3,4};

【解析】

在定义多维数组时，如果存在初始化列表，则可省略第一维的长度，但其他维数的长度不能省略。因此选项 C 是错误的，本题应选 C。

7. 若已知定义语句"int a[][3]={{0},{1},{2}};"，则数组元素 a[1][2]的值是_____。

A. 0   B. 1   C. 2   D. 不确定的

【解析】

定义及初始化二维数组时，初始化列表既可以使用一对花括号"{}"表示，也可以使用二重嵌套的花括号"{{…},{…},…,{…}}"表示。若使用二重嵌套的花括号，则在外层花括号中，按顺序出现的无论是一个值（无花括号括起来的值），还是一个以花括号括起来的值序列，都顺序对应二维数组相应的行。若表示的某行元素个数不足，则系统自动以"0"补齐。因此，本题中的初始化列表"{{0},{1},{2}}"分别对应数组 a 的 0~2 行。初始化后，数组 a 第 0 行的元素值为"0，0，0"，第 1 行的元素值为"1，0，0"，第 2 行的元素值为"2，0，0"。因此数组元素 a[1][2]的值为 0，本题应选 A。

8. 已知定义语句"int a[3][6];"，按在内存中的存放顺序，数组 a 的第 10 个元素是_____。

A. a[0][4]   B. a[1][3]   C. a[0][3]   D. a[1][4]

【解析】

二维数组的元素在内存中是按行优先的方式顺序存放的。以本题的二维数组 a[3][6]为例，其元素在内存中的存放顺序为 a[0][0]、a[0][1]、…、a[0][5]、a[1][0]、a[1][1]、…、a[1][5]、a[2][0]、a[2][1]、…、a[2][5]。因此该数组的第 10 个元素为 a[1][3]，本题应选 B。

9. 若已知定义语句 "int b; char c[10];"，则下面正确的输入语句是_____。

A. scanf("%d%s",&b,&c);   B. scanf("%d%s",&b,c);

C. scanf("%d%s",b,c);   D. scanf("%d%s",b,&c);

【解析】

本题中 4 个选项的 scanf 格式控制字符串都是"%d%s"，其表示输入一个十进制整数和一个字符串，对应的参数应分别为一个整型变量的地址和一个字符型数组的首地址。整型变量的地址可通过对变量进行取地址运算（即"&"）得到，字符型数组的首地址可直接通过数组名得到。故本题应选 B。

10. 已知以下程序：

```
#include<stdio.h>
void main()
{
    char s[]="abcde";
    s+=2;
    printf("%d\n",s[0]);
}
```

运行后的结果是_____。

A. 输出字符'a'的 ASCII 码   B. 输出字符'c'的 ASCII 码

C. 输出字符'c'   D. 程序出错

【解析】

在 C 语言中，数组名是一个地址常量，表示该数组在内存中存放的首地址，这个值是不能修改的，因此本题示例程序中的"s+=2;"语句，将数组名 s 的地址值加 2 是错误的，本题应选 D。

11. 已知以下程序：

```
#include<stdio.h>
#include<string.h>
void main()
{
    char p[]={'a','b','c'},q[10]={'a','b','c'};
    printf("%d,%d\n",strlen(p),strlen(q));
}
```

下面叙述中正确的是_____。

A. 在给数组 p 和数组 q 赋初值时，系统会自动添加字符串结束标志'\0'，故二者字符串的长度都为 3

B. 由于数组 p 中没有字符串结束标志'\0'，因此该数组中字符串的长度不为 3，但数组 q 中字符串的长度为 3

C. 由于数组 q 中没有字符串结束标志'\0'，因此该数组中字符串的长度不为 3，但数组 p 中字符串的长度为 3

D. 由于数组 p 和数组 q 中都没有字符串结束标志'\0'，因此二者字符串的长度都不为 3

【解析】

使用初始化列表对字符数组赋初值时，如果在定义时已指定字符数组的长度，但初始化项数不足，那么剩余的部分将由系统自动初始化为字符串结束标志'\0'；如果未指定字符数组的长度，那么其是由初始化列表中字符数据的个数确定的。

字符串长度是指在字符串结束标志'\0'之前，存放在字符数组中的字符的个数。

在本题中，因为数组 p 的初始化列表中有 3 个字符数据，所以该数组的长度为 3，即放置了这 3 个字符数据后，系统就不能再给数组 p 放入字符串结束标志'\0'了，因此，该数组中字符串的长度不为 3。数组 q 的长度已被指定为 10，且只初始化了前 3 项，因此剩余的部分将由系统自动初始化为字符串结束标志'\0'，该数组中字符串的长度为 3。

综上，只有选项 B 是正确的，故本题应选 B。

12. 已知定义语句 "char s[10];"，若要给数组 s 输入 5 个字符，则下面不能正确执行的语句是_____。

    A. gets(&s[0]);   B. scanf("%s",s+1);

    C. gets(s);   D. scanf("%s",s[1]);

【解析】

gets 函数中的参数必须是地址。选项 A 中的参数是 "&s[0]"，其表示数组 s 的第 1 个元素的地址，因此该项是正确的；选项 C 中的参数是 "s"，其表示数组 s 的首地址，因此该项也是正确的。

scanf 函数中的参数必须是地址。选项 B 中的参数是 "s+1"，其表示数组 s 的首地址往后移动一个字符位置的地址，因此该项是正确的；选项 D 中的参数是 "s[1]"，其表示引用数组 s 中下标为 1 的数组元素，因此该项是错误的。综上，本题应选 D。

13. 若已知定义语句 "char s[10]="1234567\0\0";"，则 strlen(s) 的值是_____。

    A. 7   B. 8   C. 9   D. 10

【解析】

字符数组可以存放字符串，但字符数组的长度并不是字符串的长度。字符串的长度是指在字符串结束标志'\0'之前，存放在字符数组中的字符的个数。在本题中，数组 s 中存放的字符是 1~7 及 2 个字符串结束标志'\0'，因此字符串的长度是 7，本题应选 A。

14. 阅读程序，给出程序的运行结果。

```c
#include<stdio.h>
void main()
{
    int i,j,t,a[5]={1,2,3,4,5};
    i=0; j=4;
    while(i<j)
    {
        t=a[i]; a[i]=a[j]; a[j]=t;
        i++;
        j--;
    }
    for(i=0;i<5;i++)
        printf("%d,",a[i]);
    printf("\n");
}
```

【解析】

在上述程序中，i 和 j 是数组元素的下标。首先使 i 和 j 分别表示数组 a 开头和结尾的两个数组元素，如图 4.1（a）所示，while 循环体用于交换 i 和 j 所标识的两个数组元素的值；然后使 i 值加 1，指向后一个位置的数组元素，同时使 j 值减 1，指向前一个位置的数组元素，如图 4.1（b）所示，再次执行 while 循环，交换两个数组元素的值，这种交换进行到 i 值不小于 j 值时结束，如图 4.1（c）所示。故程序的运行结果为 "5,4,3,2,1,"。

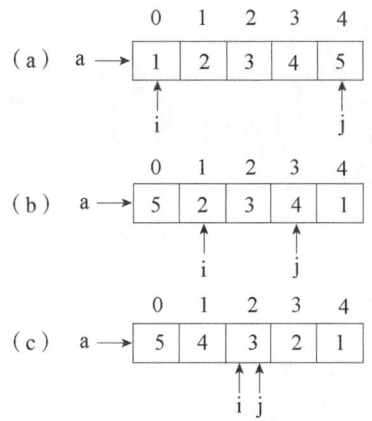

图 4.1　数组元素变化示意图

15. 阅读程序，给出程序的运行结果。

```c
#include<stdio.h>
void main()
{
    int i,a[12]={1,2,3,4,5,6,7,8,9,10};
    i=9;
    while(i>2)
    {
        a[i+1]=a[i];
        i--;
    }
    for(i=0;i<5;i++)
        printf("%d",a[i]);
    printf("\n");
}
```

【解析】

数组 a 定义及初始化后的情况如图 4.2（a）所示。执行一次 while 循环体后的情况如图 4.2（b）所示。结束并退出 while 循环后的情况如图 4.2（c）所示。因此，最终输出的数组 a 的前 5 个数为 "12344"。

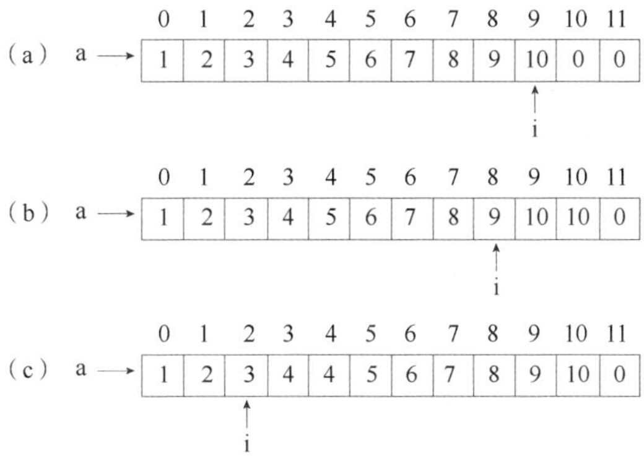

图 4.2　数组 a 变化示意图

16. 阅读程序，给出程序的运行结果。

```c
#include<stdio.h>
void main()
{
    int i,j,t,a[10]={1,2,3,4,5,6,7,8,9,10};
    for(i=0;i<9;i+=2)
        for(j=i+2;j<10;j+=2)
            if(a[i]<a[j])
            { t=a[i]; a[i]=a[j]; a[j]=t; }
    for(i=0;i<10;i++)
        printf("%3d",a[i]);
    printf("\n");
}
```

【解析】

上述程序使用了一个两层的 for 循环，实现了将数组 a 中下标为偶数的数组元素按值由大到小的顺序排序的功能。由于数组 a 中数组元素的下标从 0 开始，因此实际上是将数组 a 中下标为奇数的数组元素按值由大到小的顺序排序，下标为偶数的数组元素则不参与排序。数组 a 在排序前和排序后的情况分别如图 4.3（a）和图 4.3（b）所示。因此最终输出的结果为 "9 2 7 4 5 6 3 8 1 10"。

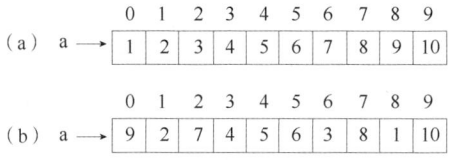

图 4.3　数组 a 排序示意图

17. 下面的程序表示，由键盘输入数据到数组中，统计其中正数的个数，并计算它们的和。请填空。

```c
#include<stdio.h>
void main()
{
    int i,a[20],sum,count;
    sum=count=0;
    for(i=0;i<20;i++)
        scanf("%d",   (1)   );
    for(i=0;i<20;i++)
    {
        if(a[i]>0)
        {
            count++;
            sum+=   (2)   ;
        }
    }
    printf("sum=%d,count=%d\n",sum,count);
}
```

【解析】

main 函数首先定义了一个长度为 20 的整型数组 a，然后将第一条 for 语句循环 20 次，给数组 a 中的每一个数组元素赋初值。因此第（1）空应填数组 a 中各数组元素的地址，即"&a[i]"。第二条 for 语句也循环 20 次，每次循环中，首先判断当前的数组元素 a[i] 是否大于 0，若大于 0，则将数组元素 a[i] 的值累加到变量 sum 中，因此第（2）空应填"a[i]"。

18. 阅读程序，给出程序的运行结果。

```
#include<stdio.h>
void main()
{
    int i,j,k=0,a[3][3]={1,2,3,4,5,6};
    for(i=0;i<3;i++)
        for(j=i;j<3;j++)
            k+=a[i][j];
    printf("%d\n",k);
}
```

【解析】

图 4.4 所示为二维数组 a 的数据存放示意图。main 函数中的两层 for 循环实际上完成的是图 4.4 中上三角（包括对角线）数据的累加，因此程序的运行结果为"17"。

	[0]	[1]	[2]
a[0]	1	2	3
a[1]	4	5	6
a[2]	0	0	0

图 4.4　二维数组 a 的数据存放示意图

19. 阅读程序，给出程序的运行结果。

```
#include<stdio.h>
void main()
{
    int a[4][4]={{1,2,3,4},{5,6,7,8},{11,12,13,14},{15,16,17,18}};
    int i=0,j=0,s=0;
    while(i++<4)
    {
        if(i==2||i==4)
            continue;
        j=0;
        do
        {
            s+=a[i][j];
            j++;
        }while(j<4);
    }
    printf("%d\n",s);
}
```

【解析】

main 函数首先定义了一个 4 行 4 列的二维数组 a，然后执行一个 while 循环，并在该 while 循环中嵌套了一个 do…while 循环，这个 do…while 循环用于将二维数组 a 的第 i 行数组元素值累加起来，并赋给变量 s。在 while 循环的循环体中，首先执行 if 语句，该 if 语句表示，当 i 值为 2 或 4 时，执行 continue 语句，即跳过后面的 do…while 语句，再次执行 while 语句。也就是说，do…while 语句累加的只有数组 a 的第 1 行的所有数组元素值和第 3 行的所有数组元素值。因此最终 s 的值为 5+6+7+8+15+16+17+18=92，即程序的运行结果为 "92"。

20. 阅读程序，给出程序的运行结果。

```c
#include<stdio.h>
void main()
{
    int a[4][4]={{1,4,3,2},{8,6,5,7},{3,7,2,5},{4,8,6,1}},i,j,k,t;
    for(i=0;i<4;i++)
        for(j=0;j<3;j++)
            for(k=j+1;k<4;k++)
                if(a[j][i]>a[k][i])
                { t=a[j][i];a[j][i]=a[k][i];a[k][i]=t; }        //按列排序
    for(i=0;i<4;i++)
        printf("%d,",a[i][i]);
        printf("\n");
}
```

【解析】

main 函数首先定义了一个二维数组 a，并将其初始化为如图 4.5（a）所示，然后通过三重循环对数组 a 进行排序。由 if 语句的条件表达式 "a[j][i]>a[k][i]" 可知，当行号小的数组元素值大于行号大的数组元素值时，进行交换，这是由大到小进行列排序，排序后数组 a 如图 4.5（b）所示。三重循环结束后，通过 for 语句依次输出 a[0][0]、a[1][1]、a[2][2]、a[3][3] 的值。故最终程序的运行结果为 "1,6,5,7,"。

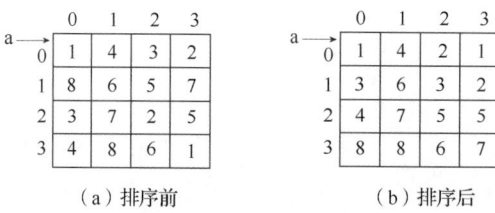

（a）排序前　　　　　　　（b）排序后

图 4.5　二维数组 a 排序前后的变化示意图

21. 已知以下程序：

```c
#include<stdio.h>
void main()
{
    int a[4][4]={{1,2,3,4},{5,6,7,8},{9,10,11,12},{13,14,15,16}},i,j;
    for(i=0;i<4;i++)
    {
```

```
        for(j=1;j<=i;j++)
            printf("%4c",' ');
        for(j=_____;j<4;j++)
            printf("%4d",a[i][j]);
        printf("\n");
    }
}
```

若按下面格式输出数组的右上三角：

```
 1  2  3  4
    6  7  8
      11 12
         16
```

则在程序中的下画线处应填入_____。

    A. i−1   B. i   C. i+1   D. 4−i

【解析】

    上述程序包含一个两层的 for 循环，其中，内层 for 循环由两个并列的 for 循环组成。外层 for 循环的循环体的最后一条语句是输出一个换行，因此外层 for 循环每循环一次，就输出一行数据。内层的第一个 for 循环用于输出 4 个空格，即每行开头的空白部分；内层的第二个 for 循环用于输出数组 a 第 i 行的某几列数据（由变量 j 控制）。从给出的输出格式来看，第 1 行应该输出 a[0][0] ~ a[0][3]，此时 j 的取值范围是 0 ~ 3，i 值为 0；第 2 行应该输出 a[1][1] ~ a[1][3]，此时 j 的取值范围是 1 ~ 3，i 值为 1。以此类推，可得到第 3 行和第 4 行中 j 的取值范围，并发现 j 变化的初始值始终与当前的 i 值相同，故程序中的下画线处应填入 i，本题应选 B。

    22. 下面的程序按以下指定的数据给数组 x 的下三角置数，并按给出的输出控制语句输出。请填空。

```
4
3  7
2  6  9
1  5  8 10
```

```
#include<stdio.h>
void main()
{
    int x[4][4],n=0,i,j;
    for(j=0;j<4;j++)
        for(i=3;i>=j;   (1)   )
        {
            n++;
            x[i][j]=   (2)   ;
        }
    for(i=0;i<4;i++)
    {
        for(j=0;j<=i;j++)
            printf("%3d",x[i][j]);
```

```
        printf("\n");
    }
}
```

【解析】

本题应首先观察程序中那个不需要填空的第二段 for 循环：外层循环使 i 从 0 递增到 3，内层循环使 j 从 0 递增到 i，因此输出的顺序是 x[0][0]、<换行>、x[1][0]、x[1][1]、<换行>、x[2][0]、x[2][1]、x[2][2]、<换行>……恰好是本题需要的输出形状。由此可知，需要填空的第一段 for 循环应完成确定这些元素中的值的工作。

考察题目要求输出的结果的规律后不难发现，这个下三角从下往上、从左往右依次为 1、2、3、4、5、6、7、8、9、10。因此，第一段 for 循环需要依次遍历的数组元素应该是 x[3][0]、x[2][0]、x[1][0]、x[0][0]、x[3][1]、x[2][1]、x[1][1]、x[3][2]……。在第一段 for 循环中，外循环的循环变量 j 从 0 递增到 3，符合数组 a 第二维下标的变化规律，因此内循环的循环变量 i 应从 3 递减到 j，以控制第一维下标的变化，故第（1）空应填 "i--"。由于该内循环中有一条语句 "n++;"，而 n 的初值为 0，正好符合从 1 递增到 10 的变化规律，因此第（2）空应填 "n"。

23. 阅读程序，给出程序的运行结果。

```
#include<stdio.h>
#include<string.h>
void main()
{
    int i;
    char s[]="abcdefg";
    for(i=3;i<strlen(s)-1;i++)
        s[i]=s[i+2];
    puts(s);
}
```

【解析】

定义并初始化字符数组 s 如图 4.6（a）所示。由于 "strlen(s)−1" 的值为 6，因此 for 循环中 i 的取值范围为 3～5，即依次将 s[5]、s[6] 和 s[7] 的值送入 s[3]、s[4] 和 s[5] 中。for 语句循环结束后，数组 s 如图 4.6（b）所示。由于 puts 函数输出字符串在遇到字符串结束标志 '\0' 时结束，因此程序的运行结果为 "abcfg"。

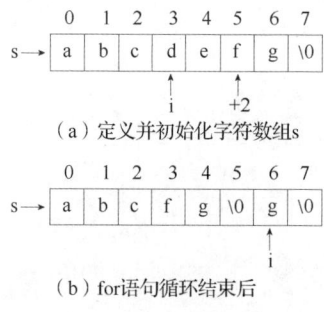

（a）定义并初始化字符数组 s

（b）for 语句循环结束后

图 4.6　数组 s 变化示意图

24. 已知以下程序：

```
#include<stdio.h>
#include<string.h>
void main()
{
    int i,j;
    char t[10],p[5][10]={"abc","aabdfg","abbd","dcdbe","cd"};
    for(i=0;i<4;i++)
        for(j=i+1;j<5;j++)
            if(strcmp(p[i],p[j])>0)
            {
                strcpy(t,p[i]);
                strcpy(p[i],p[j]);
                strcpy(p[j],t);
            }
    printf("%d\n",strlen(p[0]));
}
```

程序运行后的输出结果是_____。

A. 2   B. 4   C. 6   D. 3

【解析】

由"strcmp(p[i],p[j])>0"可知，以上程序通过两层 for 循环将字符串按由小到大的顺序排序，方法是使用 strcpy 函数，交换两个字符串在二维字符数组中行的位置，从而按行将字符串由小到大排序。排序后二维数组 p 中的内容为 "{"aabdfg","abbd","abc","cd","dcdbe"}"。由于输出结果是由函数 strlen(p[0]) 给出的，其表示二维字符数组 p 中的第 0 行字符串的长度，因此程序运行后的输出结果是 6，本题应选 C。

25. 编写程序，在一个存放了升序数据的整型数组中插入若干整数，要求该数组中的数据仍保持升序排列。

【参考程序 1】

```
#include<stdio.h>
void main()
{
    int i,j,k,m,x;
    int a[20]={2,5,9,10,21};
    printf("How many data of insert? :");
    scanf("%d",&m);
    j=k=4;                        //已存放数据的最大数组元素下标
    for(i=0;i<m;i++)
    {
        printf("Insert a new data:");
        scanf("%d",&x);
        while(x<a[j])
            a[j+1]=a[j--];
        a[j+1]=x;
        k++;
```

```
            j=k;
        }
    for(i=0;i<=m+4;i++)
        printf("%4d",a[i]);
    printf("\n");
}
```

【参考程序 2】

```
#include<stdio.h>
void main()
{
    int i,j,k,m,x;
    int a[20]={2,5,9,10,21};
    printf("How many data of insert? :");
    scanf("%d",&m);
    j=k=4;                              //已存放数据的最大数组元素下标
    for(i=0;i<m;i++)
    {
        printf("Insert a new data:");
        scanf("%d",&x);
        for(j=k;j>=0;j--)
            if(x<a[j])
                a[j+1]=a[j];
            else
                goto l;                 //跳出当前 for 循环
 l:     a[j+1]=x;
        k++;
    }
    for(i=0;i<=m+4;i++)
        printf("%4d",a[i]);
    printf("\n");
}
```

26. 编写程序，将两个存放升序数据的整型数组仍按升序顺序合并且存放到一个新整型数组中，要求存放必须一次到位，不得在新数组中重新排列。

【参考程序】

```
#include<stdio.h>
void main()
{
    int a[10]={2,4,5,7,9,11,14,16,18,20};
    int b[5]={1,6,11,17,21},c[20],i,j,k;
    i=0;j=0;k=0;
    while(i<10&&j<5)                    //数组 a 和数组 b 中的数据都未处理完
      if(a[i]>b[j])
          c[k++]=b[j++];
      else
          c[k++]=a[i++];
    while(i<10)                         //数组 a 中的数据未处理完
      c[k++]=a[i++];
```

```
    while(j<5)                    //数组b中的数据未处理完
        c[k++]=b[j++];
    for(i=0;i<k;i++)
        printf("%4d",c[i]);
    printf("\n");
}
```

27. 编写程序，将任意一个十进制数转换成二进制数，将每位二进制数顺序存放到数组中并输出。

【参考程序】

```
#include<stdio.h>
void main()
{
    int i=0,j,n,a[20];
    printf("Input data:");
    scanf("%d",&n);
    while(n!=0)
    {
        a[i++]=n%2;
        n=n/2;
    }
    for(j=i-1;j>=0;j--)               //将二进制数按从高位到低位的顺序输出
        printf("%4d",a[j]);
    printf("\n");
}
```

28. 已知循环数列循环放置了 20 个数，如图 4.7 所示，编写程序求相邻 4 个数之和的最大值和最小值。

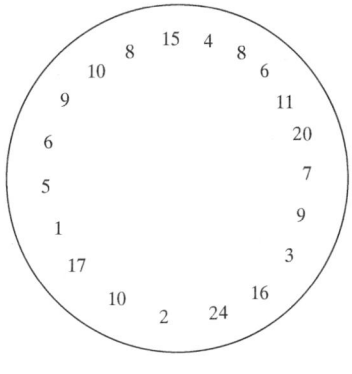

图 4.7 循环数列

【参考程序】

```
#include<stdio.h>
void main()
{
    int i,s,min,max;
    int a[20]={4,8,6,11,20,7,9,3,16,24,2,10,17,1,5,6,9,10,8,15};
    min=32767;max=0;
```

```
for(i=0;i<20;i++)
{
    s=a[i]+a[(i+1)%20]+a[(i+2)%20]+a[(i+3)%20];
    if(s<min) min=s;
    if(s>max) max=s;
}
printf("max is %d,min is %d\n",max,min);
}
```

29. 编写程序，实现输入一个 5×5 的矩阵，将主对角线以外的上三角的每个元素的值加 1，下三角的每个元素的值减 1。

【参考程序】

```
#include<stdio.h>
void main()
{
    int a[5][5],i,j;
    printf("Input array a:\n");
    for(i=0;i<5;i++)
        for(j=0;j<5;j++)
            scanf("%d",&a[i][j]);
    for(i=0;i<5;i++)
    {
        for(j=0;j<5;j++)
            printf("%4d",a[i][j]);
        printf("\n");
    }
    for(i=0;i<5;i++)
        for(j=0;j<5;j++)
            if(j>i)
                a[i][j]++;              //主对角线以外的上三角的每个元素的值加 1
            else
                if(j<i)
                    a[i][j]--;          //主对角线以外的下三角的每个元素的值减 1
    for(i=0;i<5;i++)
    {
        for(j=0;j<5;j++)
            printf("%4d",a[i][j]);
        printf("\n");
    }
}
```

30. 编写程序，用二维数组或一维数组实现下面图形的输出。

```
1 1 1 1 1 1 1
1 9 9 9 9 9 1
1 9 5 5 5 9 1
1 9 5 6 5 9 1
1 9 5 5 5 9 1
1 9 9 9 9 9 1
1 1 1 1 1 1 1
```

【参考程序1】

　　编程提示：由于要输出的图形呈上、下、左、右对称，因此编写程序时，外层用于控制图形行数的 for 循环只需要控制行数的一半（4 行）；内层的第一个 for 循环用于完成图 4.8 所示的上、下三角图形中的数据存放，内层的第二个 for 循环用于完成图 4.8 所示的左、右三角图形中的数据存放。

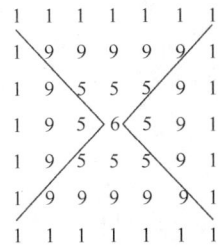

图 4.8　数据存放示意图

```c
#include <stdio.h>
void main()
{
    int a[7][7],b[4]={1,9,5,6},i,j;
    for(i=0;i<4;i++)
    {
        for(j=i;j<7-i;j++)
        {
            a[i][j]=b[i];
            a[6-i][j]=b[i];
        }
        for(j=i+1;j<6-i;j++)
        {
            a[j][i]=b[i];
            a[j][6-i]=b[i];
        }
    }
    for(i=0;i<7;i++)
    {
        for(j=0;j<7;j++)
            printf("%2d",a[i][j]);
        printf("\n");
    }
}
```

【参考程序2】

　　编程提示：参考程序 2 与参考程序 1 的相同之处在于，外层的 for 循环仍只需要控制行数的一半（4 行）；不同之处在于，这次内层可只用一个 for 循环来完成图形中的上、下三角图形和左、右三角图形中的数据存放。注意，这种方法会使对角线上的数据元素被重复放置一次。

```
#include <stdio.h>
void main()
{
    int a[7][7],b[4]={1,9,5,6},i,j;
    for(i=0;i<4;i++)
    {
        for(j=i;j<7-i;j++)
        {
            a[i][j]=b[i];
            a[6-i][j]=b[i];
            a[j][i]=b[i];
            a[j][6-i]=b[i];
        }
    }
    for(i=0;i<7;i++)
    {
        for(j=0;j<7;j++)
            printf("%2d",a[i][j]);
        printf("\n");
    }
}
```

【参考程序 3】

编程提示：参考程序 1 和参考程序 2 都是先用二维数组保存输出图形中的数据，然后进行输出的。这次我们仅用一维数组保存输出图形中的不同数据，然后用两重循环，直接控制输出如图 4.9 所示的 4 个区域的图形数据。

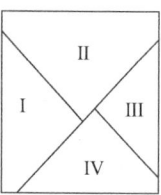

图 4.9 数据存放区域示意图

```
#include <stdio.h>
void main()
{
    int b[4]={1,9,5,6},i,j;
    for(i=0;i<7;i++)
    {
        for(j=0;j<7-i;j++)
            if(j<i)
                printf("%2d",b[j]);              //输出 I 区的数据
            else
                printf("%2d",b[i]);              //输出 II 区的数据
        for(j=7-i;j<7;j++)
            if(j>i)
                printf("%2d",b[6-j]);            //输出 III 区的数据
            else
```

```
                printf("%2d",b[6-i]);                    //输出Ⅳ区的数据
        printf("\n");
    }
}
```

31. 编写程序实现数组元素的排序。输入 *n* 个整数，然后将它们由小到大进行排序，并输出排序后的结果。

编程提示： *n* 个整数分别用 a_1、a_2、…、a_n 表示。先从 a_n 开始，由右至左对每两个相邻数进行比较，若为逆序（即 $a_{j-1} > a_j$），则交换这两个数的位置。反复进行这种操作，直到所有数都被比较并交换过。经过这样一趟排序，最小的数就被安置在第 1 个位置上。然后对剩余的 *n*-1 个数重复上述排序过程，使第 2 趟排序的结果是将次小数放置在第 2 个位置上。以此类推，在经过 *n*-1 趟排序之后，就能得到已经由小到大排好序的 *n* 个数。由于每趟排序总是将参与比较的数中的最小数放在最前面，好比水中较轻的气泡总是先冒出水面，因此称这种排序方法为冒泡排序法。为了便于观察每趟排序的过程，在程序中，我们安排了每趟排序后，输出当前 *n* 个数的排列情况，语句"for(j=n-1;j>=i;j--)"保证了将参与每趟排序的数中的最小数放在最前面。

【参考程序】

```
#include<stdio.h>
void main()
{
    int a[20],i,j,n,temp;
    printf("Please input number of elements:");
    scanf("%d",&n);
    printf("Input elements:\n");
    for(i=0;i<n;i++)
        scanf("%d",&a[i]);
    for(i=0;i<n;i++)
        printf("%4d",a[i]);
    printf("\n");
    for(i=1;i<=n-1;i++)                    //进行n-1趟排序
    {
        for(j=n-1;j>=i;j--)
            if(a[j-1]>a[j])
            {
                temp=a[j-1];
                a[j-1]=a[j];
                a[j]=temp;
            }
        printf("-%d- ",i);
        for(j=0;j<n;j++)
            printf("%4d",a[j]);
        printf("\n");
    }
}
```

32. 用程序实现两个字符串 s1 和 s2 的比较，若 s1>s2，则输出一个正数；若 s1=s2，则输出 0；若 s1<s2，则输出一个负数。要求程序中不使用 strcmp 函数，两个字符串用 gets 函数输入。输出的正数或负数的绝对值是相比较的两个字符串中相应字符的 ASCII 码的差值。

【参考程序】

```c
#include<stdio.h>
void main()
{
    int i,m;
    char s1[50],s2[50];
    printf("Input string1:");
    gets(s1);
    printf("Input string2:");
    gets(s2);
    i=0;
    while(s1[i]==s2[i]&&s1[i]!='\0')
        i++;
    if(s1[i]=='\0'&&s2[i]=='\0')
        m=0;
    else
        m=s1[i]-s2[i];
    printf("Result: %d\n",m);
}
```

第 **5** 章

函数习题解析

1. 以下叙述中正确的是_____。

A. 每个函数都可以被其他函数调用，包括 main 函数

B. 每个函数都可以单独执行

C. 程序的执行总是从 main 函数开始，并在 main 函数中结束

D. 在一个函数内部可以定义另一个函数

【解析】

main 函数是一个程序的主函数，只能由系统调用，因此选项 A 是错误的；一个程序必须从 main 函数开始执行，其他函数直接或间接被 main 函数调用后才能执行，因此选项 B 是错误的；C 语言不支持函数的嵌套定义，每个函数都是全局函数，各函数之间是相互独立和平行的，因此选项 D 是错误的；程序的执行总是从 main 函数开始，并在 main 函数中结束，因此选项 C 是正确的。综上，本题应选 C。

2. 以下叙述中错误的是_____。

A. C 程序必须由一个或一个以上的函数组成

B. 函数调用可以作为一个独立的语句存在

C. 若函数有返回值，则必须通过 return 语句返回

D. 函数形参的值也可以传回给对应的实参

【解析】

C 语言规定，函数中实参对形参的数据传递是一种值传递，即只能由实参传递给形参，不能由形参传回给实参，因此选项 D 是错误的，而选项 A、B、C 是正确的，本题应选 D。

3. 若函数调用时的实参为变量，则以下叙述中正确的是_____。

A. 函数的实参和其对应的形参共同占用一个内存单元

B. 由于形参只在形式上存在，因此不占用具体的内存单元

C. 同名的实参和形参占用同一个内存单元

D. 函数的形参和实参分别占用不同的内存单元

【解析】

C 语言的函数中，实参与形参在内存中存放的位置（内存单元）是不同的，因此只有选项 D 是正确的，本题应选 D。

4. 若函数调用时的实参为变量，则它和与它对应的形参进行数据传递的方式是_____。

A. 地址传递

B. 单向值传递

C. 由实参传给形参，再由形参将结果传回给实参

D. 由用户指定传递方式

【解析】

函数中实参对形参进行数据传递的方式是单向值传递，因此只有选项 B 是正确的，本题应选 B。

5. 在 C 语言中，函数返回值的类型最终取决于_____。

A. 函数定义时在函数首部所说明的函数类型

B. return 语句中表达式值的类型

C. 调用函数时主调函数所传递的实参类型

D. 函数定义时形参的类型

【解析】

函数定义时在函数首部所说明的函数类型（即函数名前面的类型标识符）决定了函数返回值的类型，因此只有选项 A 是正确的，本题应选 A。

6. 以下叙述中错误的是_____。

A. 用户定义的函数中可以没有 return 语句

B. 用户定义的函数中可以有多条 return 语句，以便在调用中返回多个函数值

C. 用户定义的函数中若没有 return 语句，则应当定义函数为 void 类型

D. 函数的 return 语句中可以没有表达式

【解析】

用户定义的函数有两种：一种是没有返回值的函数，此时函数必须为 void 类型；另一种是有返回值的函数。没有返回值的函数的函数体中没有 return 语句，因此选项 A 和选项 C 是正确的。有返回值的函数必须有 return 语句，且可以有多条 return 语句，当不希望某一种情况下的 return 语句返回值时，return 语句中可以没有表达式，即不返回值（Visual C++ 6.0 中不允许这种方式），因此从概念上讲选项 D 是正确的。return 语句执行后，除了返回给主调函数值，也终止了被调函数的执行，然后返回到主调函数刚才调用被调函数的下一

条语句处继续执行，也就是说，无论被调函数中有多少条 return 语句，都只能有一条 return 语句被执行。因此选项 B 是错误的，本题应选 B。

7. 在函数调用中，若函数 A 调用了函数 B，函数 B 又调用了函数 A，则_____。

A. 称为函数的直接递归调用　　　　　B. 称为函数的间接递归调用

C. 称为函数的循环调用　　　　　　　D. C 语言不允许这样的递归调用

【解析】

在 C 语言中，函数的递归调用是指在调用一个函数的过程中，直接（函数 A 内又调用了函数 A）或间接（函数 A 内调用了函数 B，而函数 B 内又调用了函数 A）调用了该函数本身。直接调用该函数本身的称为函数的直接递归调用，间接调用该函数的称为函数的间接递归调用。显然题目中描述的是函数的间接递归调用，故本题应选 B。

8. 以下程序执行的结果是_____。

```
#include<stdio.h>
int F(int x)
{
    return (3*x*x);
}
void main()
{
    printf("%d\n",F(3+5));
}
```

A. 192　　　　　　　B. 29　　　　　　　C. 25　　　　　　　D. 编译出错

【解析】

在上述程序中，main 函数调用被调函数 F 的实参是 3+5，即将 8 传给被调函数 F 的形参 x，而被调函数 F 的函数体中仅有一条 "return(3*x*x);" 语句，即将 3*8*8 返回给主调函数 main 中的 printf 语句。因此最终程序输出结果为 "192"，本题应选 A。

9. 若在程序中定义了以下函数，则正确的函数声明是_____。

```
double myadd(double a,double b)
  { return a+b; }
```

A. double myadd(double a,b);　　　　　B. double myadd(double a, double b)

C. double myadd(double a);　　　　　　D. double myadd(double x, double y);

【解析】

在函数声明中，可以只写形参的声明类型而不写形参名，但不能只写形参名而不写该形参的声明类型。如果声明中出现形参名，则其应与函数原型中出现的类型和个数完全一致，否则是错误的。此外，由于函数声明是一条语句，因此最后一定要用 ";" 结束。选项 A 中，缺少形参的声明类型；选项 B 中，缺少 ";"；选项 C 中，形参个数比函数原型中的形参个数少一个。因此只有选项 D 是正确的，本题应选 D。

10. 以下程序执行的结果是_____。

```
#include<stdio.h>
int x=2;
int f(int a)
{
    x=a+1;
    return a*a;
}
void main()
{
    printf("%d,%d\n",x,f(x));
}
```

   A. 2,4   B. 2,2   C. 3,4   D. 3,2

【解析】

上述程序定义了一个全局变量 x，其初值为 2。main 函数中仅有一条 "printf("%d,%d\n", x,f(x));" 语句，用于输出全局变量 x 和函数 f(x) 的值。注意，在 Visual C++ 6.0 中，printf 函数对输出列表中各输出项的求值顺序是自右向左进行的，但是求值结束后的输出顺序仍然是从左到右。因此，这条 printf 语句首先执行的是第二个输出项 f(x) 对应的函数 f。函数 f 中的第一条语句 "x=a+1;"（形参 a 已接受实参 x 的值 2）使全局变量 x 由 2 变为 3，由于 x 是全局变量，因此函数 f 执行结束后，x 仍为 3。函数 f 中的第二条语句 "return a*a;" 表示将 a×a 的值返回给主调函数 main 中语句 "printf("%d,%d\n",x,f(x));" 的 f(x) 处，因此最终输出的结果为 "3,4"，本题应选 C。

11. 阅读程序，给出程序的运行结果。

```
#include<stdio.h>
void swap(int x,int y)
{
    int t;
    t=x;x=y;y=t;
    printf("%4d%4d\n",x,y);
}
void main()
{
    int a=3,b=4;
    swap(a,b);
    printf("%4d%4d\n",a,b);
}
```

【解析】

在 C 语言中，函数是单向传值调用的，在被调函数中修改形参变量的值并不影响传值给形参的实参变量。上述程序首先置 a=3，b=4，然后调用 swap 函数，将 a、b 的值分别传递给形参 x、y，接下来 swap 函数交换 x、y 的值并输出，即输出 4 和 3 后换行，swap 函数调用结束后返回 main 函数，最后 main 函数再次输出 a、b 的值。由于传值调用并不会影响实参的值，因此输出的是 3 和 4。故程序的运行结果如下。

```
4 3
3 4
```

该程序执行的动态图如图 5.1 所示。

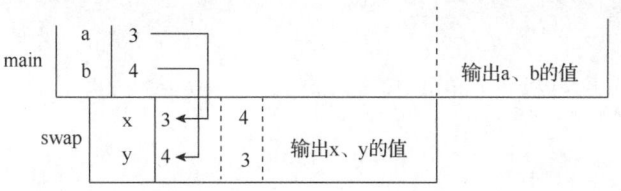

图 5.1　程序执行的动态图（1）

12. 以下 sum 函数的功能是计算下列级数之和。

$$s = 1 + x + \frac{x^2}{2!} + \frac{x^3}{3!} + \cdots + \frac{x^n}{n!}$$

请给 sum 函数中的各变量赋正确的初值。

```c
#include<stdio.h>
double sum(double x,int n)
{
    int i;
    double a,b,s;
    _____;
    for(i=1;i<=n;i++)
    { a=a*x;b=b*i;s=s+a/b;  }
    return s;
}
void main()
{
    int m;double x;
    scanf("%d%lf",&m,&x);
    printf("sum=%f\n",sum(x,m));
}
```

【解析】

　　由上述程序可知，sum 函数的功能是求表达式的级数之和。在 sum 函数中，定义了一个整型变量 i 来循环计数；定义了一个变量 a 来表示各个子项的分子（初始值为第一个子项的分子值 1）；定义了一个变量 b 来表示各个子项的分母（初始值为第一个子项的分母值 1）；定义了一个变量 s 来存放累加和（初始值为第一个子项的值 1）。也就是说，首先给各个定义的变量初始化，然后通过 for 循环将题目中给出的数学表达式的各个子项求出，最后进行累加。因此，横线处应填写给 a、b 和 s 赋初值的语句，即"a=1;b=1;s=1;"。

　　13. 以下 prime 函数的功能是判断形参 a 是否为素数，若其为素数，则返回"1"值；否则返回"0"值。请填空。

```c
#include<stdio.h>
int prime(int a)
{
```

```
    int i;
    for(i=2;i<=a/2;i++)
        if(a%i==0)     (1)    ;
        (2)    ;
}
void main()
{
    int n;
    scanf("%d",&n);
    if(prime(n))
        printf("%d is prime!\n",n);
    else
        printf("%d is not prime!\n",n);
}
```

【解析】

prime 函数中的 for 循环用于将 i 从 2 遍历到 a/2，若存在一个数能整除 a，则 a 不是素数，否则 a 是素数。因此，第（1）空表示找到了一个能够整除 a 的数，应填 "return 0"；第（2）空表示循环结束了也没有找到能够整除 a 的数，应填 "return 1"。

14. 下面程序通过 SumF 函数求 $\sum\limits_{x=0}^{10} f(x)$，这里 $f(x)=x^2+1$，由 F 函数实现。请填空。

```
#include<stdio.h>
int F(int x)
{
    return(    (1)    );
}
int SumF(int n)
{
    int x,s=0;
    for(x=0;x<=n;x++)
        s+=F(    (2)    );
    return s;
}
void main()
{
    printf("Sum=%d\n",SumF(10));
}
```

【解析】

上述程序在 SumF 函数中使用了一条 for 语句，该语句每循环一次，就将一个 f(x) 值累加到 s 中，即 s 最终保存的结果是 f(0)+f(1)+…+f(10)，且每调用一次 F 函数，就返回当前的 f(x) 值（F 函数的功能是求 f(x) 的值）。由于题目中已给出 $f(x)=x^2+1$，因此第（1）空应填 "x*x+1"，只有这样 F 函数返回的才是 f(x) 的值，第（2）空应填 "x"。

15. 阅读程序，给出程序的运行结果。

```
#include<stdio.h>
void fun2(char a,char b)
```

```
{
    printf("%c%c",a,b);
}
char a='A',b='B';
void fun1()
{
    a='C'; b='D';
}
void main()
{
    fun1();
    printf("%c%c",a,b);
    fun2('E','F');
}
```

【解析】

在上述程序中，fun1 函数和 main 函数访问的是全局变量 a 和全局变量 b，而 fun2 函数访问的是形参 a 和形参 b。因此，main 函数中输出的是在 fun1 函数中被改变的 a 和 b 的值 "CD"；fun2 函数中输出的是传给形参 a 和形参 b 的实参值 "EF"。故最终程序的运行结果是 "CDEF"。

16. 阅读程序，给出程序的运行结果。

```
#include<stdio.h>
int f1(int x,int y)
{
    return x>y?x:y;
}
int f2(int x,int y)
{
    return x>y?y:x;
}
void main()
{
    int a=4,b=3,c=5,d=2,e,f,g;
    e=f2(f1(a,b),f1(c,d));
    f=f1(f2(a,b),f2(c,d));
    g=a+b+c+d-e-f;
    printf("%d,%d,%d\n",e,f,g);
}
```

【解析】

由上述程序可知，f1 函数和 f2 函数的函数体中都只有一条语句。在 f1 函数中，如果 x>y，则返回 x 值，否则返回 y 值，也就是说，返回两个形参中值较大的那个。f2 函数则与之相反，它返回的是两个形参中值较小的那个。在 main 函数中，语句 "e=f2(f1(a,b),f1(c,d));" 将两次调用 f1 函数获得的返回值作为 f2 函数的实参值，并将 f2 的返回值赋给变量 e。对于 f1(a,b)，由于较大的数是 a（其值为 4），因此返回 4；对于 f1(c,d)，较大的数是 c（其值为 5），因此返回 5。在 f2(f1(a,b),f1(c,d))=f2(4,5)中，由于 f2 函数返回的是两个形参中值较小的那个，因此应将 4 赋给 e。同理可得，f=3，g=a+b+c+d−e−f=4+3+5+2−4−3=7。故最终程序的运行结果是"4,3,7"。

17. 阅读程序，给出程序的运行结果。

```
#include<stdio.h>
char fun(char x,char y)
{
    if(x>y)  return x;
    return y;
}
void main()
{
    int a='9',b='8',c='7';
    printf("%c\n",fun(fun(a,b),fun(b,c)));
}
```

【解析】

fun 函数的功能是比较形参 x 和形参 y 的大小，并返回值较大的那个。上述程序首先定义了三个整型变量 a、b 和 c，并分别为其赋初值'9'、'8'和'7'（注意，允许将字符的 ASCII 码值赋给整型变量），然后执行函数调用语句"fun(fun(a,b),fun(b,c));"，在该函数调用语句中，将 fun(a,b)和 fun(b,c)的函数返回值作为该函数的两个实参值。对于 fun(a,b)，由于 a>b，因此返回较大值 a（即'9'）；对于 fun(b,c)，由于 b>c，因此返回较大值 b（即'8'）。综上，调用"fun(fun(a,b),fun(b,c))"相当于调用"fun('9','8')"，故最终程序的运行结果为"9"（注意，输出的是字符 9）。

该程序执行的动态图如图 5.2 所示，由于 Visual C++ 6.0 中函数的参数传递是由右向左进行的，因此应先计算 fun(b,c)，后计算 fun(a,b)。

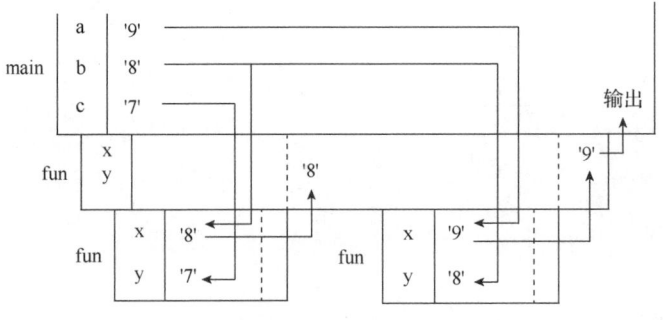

图 5.2　程序执行的动态图（2）

18. 阅读程序，给出程序的运行结果。

```
#include<stdio.h>
void fun(int x)
{
    if(x/2>0)
```

```
        fun(x/2);
    printf("%d",x);
}
void main()
{
    fun(3);
    printf("\n");
}
```

【解析】

在上述程序中，fun 函数直接调用了自身，main 函数中调用了 fun(3)。由于 3/2 等于 1（两整数相除，结果也为整数），满足 "if(x/2>0)" 语句的条件，因此递归调用 fun(1)。由于 1/2 等于 0，不再满足上述条件，因此执行 printf 语句，输出此时的 x 值（即 1）。随后结束当前调用，并返回主调函数（即上一层 fun 处），执行尚未执行的 printf 语句，输出此时的 x 值（即 3）。随后结束当前调用，并返回 main 函数，执行 printf 语句，输出换行符。最终程序的运行结果为 "13"。程序执行的动态图如图 5.3 所示。

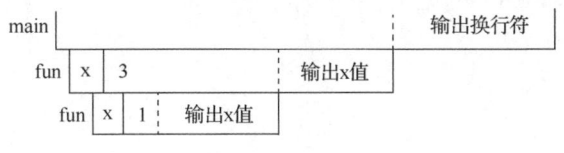

图 5.3　程序执行的动态图（3）

19. 阅读程序，给出程序的运行结果。

```
#include<stdio.h>
int fun(int a,int b)
{
    if(b==0)
        return a;
    else
        return(fun(--a,--b));
}
void main()
{
    printf("%d\n",fun(4,2));
}
```

【解析】

上述程序中的 fun 函数是一个递归函数，其功能是，当形参 b 的值为 0 时，返回形参 a 的值，否则返回 "fun(--a,--b)" 的值；当形参 b 的值不为 0 时，每递归调用一次 fun，b 值和 a 值就减 1，直到 b 值为 0 时（返回 a 值），递归调用结束。因此 a 递减的总值是 b 的初始值，整个递归函数的作用就是返回 a-b 的值。最终程序的运行结果为 "2"。程序执行的动态图如图 5.4 所示。

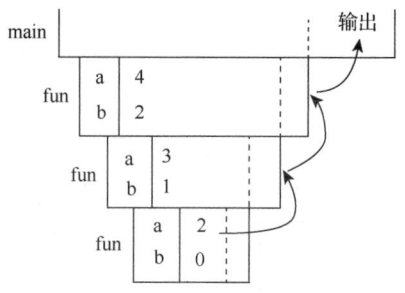

图 5.4　程序执行的动态图（4）

20. 阅读程序，当给变量 x 输入 10 后，给出程序的运行结果。

```c
#include<stdio.h>
int fun(int n)
{
    if(n==1)
        return 1;
    else
        return(n+fun(n-1));
}
void main()
{
    int x;
    scanf("%d",&x);
    x=fun(x);
    printf("%d\n",x);
}
```

【解析】

在一个递归算法（直接或间接地调用自身的算法）中，至少要包含一个初始值和一个递归关系。在上述程序中，fun 函数在 n 等于 1 时返回 1，在其他情况下返回 n+fun(n-1)。

不难看出，该递归算法实现的是计算 1+2+3+⋯+n，其中的 n 必须大于 0，否则会陷入死循环。故程序的运行结果是"55"（1+2+3+⋯+10）。当然，我们也可以按程序的执行递归推算出运行结果，即 fun(10)=10+fun(9)=10+9+fun(8)=⋯=10+9+⋯+2+fun(1)=10+9+⋯+2+1=55。

21. 阅读程序，给出程序的运行结果。

```c
#include<stdio.h>
int f(int a)
{
    return a%2;
}
void main()
{
    int s[8]={1,3,5,2,4,6},i,d=0;
    for(i=0;f(s[i]);i++)
        d=d+s[i];
```

```
    printf("%d\n",d);
}
```

说明：在 for 循环中，当判断循环终止的表达式 f(s[i]) 的值为 0 时，结束循环。

【解析】

在上述程序中，f 函数的作用是在形参 a 为偶数时返回 0。main 函数中一维数组 s 初始化后的情况如图 5.5 所示（注意，对于没有赋初值的元素，系统自动为其赋 0 值）。由于 for 语句终止循环的条件是 "f(s[i])"，因此当 s[i] 的值为偶数时，函数调用 f(s[i]) 将返回 0，即 for 循环结束。从图 5.5 中可以看出，当 i 值为 3 时，s[3] 的值为 2，因为 2 为偶数，所以 for 循环结束。for 语句的循环体语句 "d=d+s[i];" 共执行了 3 次，即 d=s[0]+s[1]+s[2]=1+3+5=9，故程序的运行结果为 "9"。

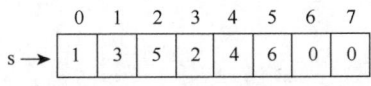

图 5.5　数组 s 初始化后的情况

22. 阅读程序，给出程序的运行结果。

```
#include<stdio.h>
void fun(int k)
{
    if(k>0)
        fun(k-1);
    printf("%d",k);
}
void main()
{
    int w=5;
    fun(w);
    printf("\n");
}
```

【解析】

我们可以通过分析程序执行的动态图（见图 5.6），得到程序的运行结果。

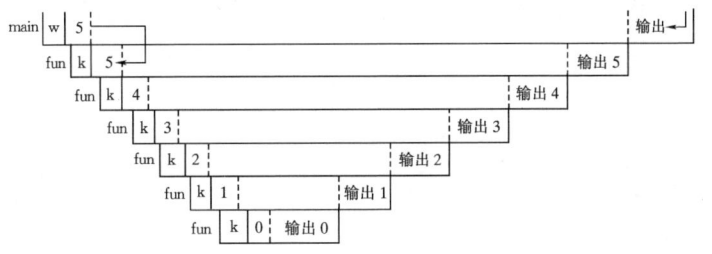

图 5.6　程序执行的动态图（5）

因此，该程序的运行结果为 "012345"。

注意： 若函数 fun 改为如下形式

```
void fun(int k)
{
if(k>0)
{
printf("%d",k);
fun(k-1);
}
}
```

则程序的运行结果为"54321"。

23. 自定义一个函数，实现重复输出给定的字符 *n* 次。

【参考程序】

```
#include<stdio.h>
void printchar(char ch,int n)
{
   int i;
   for(i=1;i<=n;i++)
     putchar(ch);
}
void main()
{
   char ch;
   int n;
   printf("please input char and n: ");
   scanf("%c,%d",&ch,&n);
   printchar(ch,n);
   printf("\n");
}
```

24. 用函数求 3 个数中的最大值。

【参考程序 1】

```
#include<stdio.h>
int fmax(int x,int y,int z)
{
    return x>y?(x>z ? x:z):(y>z ? y:z);
}
void main()
{
    int i,j,k;
    printf("Input three integer:");
    scanf("%d,%d,%d",&i,&j,&k);
    printf("The max integer is %d\n",fmax(i,j,k));
}
```

【参考程序 2】

```
#include<stdio.h>
int fbigger(int x,int y)
{
```

```
        return x>y?x:y;
}
void main()
{
    int i,j,k;
    printf("Input three integer:");
    scanf("%d,%d,%d",&i,&j,&k);
    printf("The max integer is %d\n",fbigger(fbigger(i,j),k));
}
```

25. 自定义一个函数，用于判断一个数是否为水仙花数。所谓水仙花数，是指一个三位数的各位数字的立方和等于该数本身。

编程提示： 先用一个函数，将 n 的百位、十位和个位分解到 a、b 和 c 3 个整型变量中，再通过判断表达式 "n==a*a*a+b*b*b+c*c*c" 是否成立来决定返回函数值 1 还是 0。

【参考程序】

```
#include<stdio.h>
int f(int n)
{
    int a,b,c;
    a=n/100;
    b=(n/10)%10;
    c=n%10;
    if(n==a*a*a+b*b*b+c*c*c)
        return 1;
    else
        return 0;
}
void main()
{
    int i;
    for(i=100;i<1000;i++)
        if(f(i))
            printf("%d\n",i);
}
```

26. 自定义两个函数，分别求两个整数的最大公约数和最小公倍数，用主函数调用这两个函数，并输出结果。

编程提示： 最小公倍数=两数之积÷最大公约数。

【参考程序】

```
#include<stdio.h>
int gcd(int x,int y)
{
    int r;
    r=x%y;
    while(r!=0)
    {
        x=y;
```

```
        y=r;
        r=x%y;
    }
    return y;
}
int lcm(int x,int y)
{
    return x*y/gcd(x,y);
}
void main()
{
    int m,n;
    printf("Please input m and n:");
    scanf("%d%d",&m,&n);
    printf("The greatest common divisoris is %d.\n",gcd(m,n));
    printf("The lease common multipile is %d.\n",lcm(m,n));
}
```

27. 用递归函数实现对 x^n 的求解（ n 为大于或等于零的正整数 ）。

编程提示：求通项 x^n 的计算公式如下。

$$\begin{cases} x^n=1 & , \quad n=0 \\ x^n=x\times x^{n-1}, & n>0 \end{cases}$$

【**参考程序**】

```
#include<stdio.h>
float f(float x,int n)
{
    if(n==0)
        return 1;
    else
        return(x*f(x,n-1));
}
void main()
{
    float x;
    int n;
    printf("Input x,n:\n");
    scanf("%f,%d",&x,&n);
    printf("x^n=%f\n",f(x,n));
}
```

28. 用函数实现下面字母金字塔图形的输出。

<pre>
              A
            A   B
          A   B   C
              ⋮
        A   B   C ⋯ Y   Z
</pre>

编程提示：与用函数实现数字金字塔图形的输出类似。

【参考程序】

```
#include<stdio.h>
void f(char c,int n)
{
    int i;
    char ch;
    for(i=1;i<n;i++)
        printf(" ");
    for(ch='A';ch<=c;ch++)
        printf("%2c",ch);
    printf("\n");
}
void main()
{
    int n=30;
    char c1;
    for(c1='A';c1<='Z';c1++)
    {
        f(c1,n);
        n--;
    }
}
```

29. 根据以下级数展开式求 π 值，直到某一项的值小于 1e-7。要求用函数实现。

$$\frac{\pi}{2}=1+\frac{1}{3}+\frac{1}{3}\times\frac{2}{5}+\frac{1}{3}\times\frac{2}{5}\times\frac{3}{7}+\frac{1}{3}\times\frac{2}{5}\times\frac{3}{7}\times\frac{4}{9}+\cdots$$

编程提示：求通项 t_i 的计算公式如下。

$$\begin{cases} t_i=1 & , \quad i=0 \\ t_i=t_{i-1}\times\dfrac{i}{2i+1} & , \quad i>0 \end{cases}$$

【参考程序】

```
#include<stdio.h>
double pi(double eps)
{
    double s=0.0,t=1.0;
    int i;
    for(i=1;t>eps;i++)
    {
        s+=t;
        t=t*i/(2*i+1);
    }
    return (2.0*s);
}
void main()
{
```

```
    double eps;                          //计算精度
    printf("Input eps:");
    scanf("%lf",&eps);
    printf("eps=%lf ,pi=%lf\n",eps,pi(eps));
}
```

30. 用递归函数实现返回与所输入十进制整数相反顺序的整数，例如，若输入 1234，则函数的返回值为 4321。

编程提示： 要想得到一个与原数 a 相反的数 b，就必须将原数 a 的每一位数字从低位到高位逐个分离出来。

【参考程序】

```
#include<stdio.h>
int f(int a)
{
    int m,b=0;
    while(a!=0)
    {
        m=a%10;
        b=b*10+m;
        a=a/10;
    }
    return b;
}
void main()
{
    int x,y;
    printf("Input data:");
    scanf("%d",&x);
    y=f(x);
    printf("x=%d, y=%d\n",x,y);
}
```

31. 用递归函数求两个正整数 m 和 n 的最大公约数，并计算当 m 和 n 分别为 25 和 125 时，程序的运行结果。

编程提示： 求正整数 m 和 n 的最大公约数，等价于在程序中求 n 与 m%n 的最大公约数，可以把 n 当作新的 m，把 m%n 当作新的 n，这样问题又变成了求新的 m 和 n 的最大公约数，按这种方法不断进行下去，n 等于 0 时的 m 便是二者的最大公约数。由此可得到递归公式如下。

$$\gcd(m,n) = \begin{cases} m & , n = 0 \\ \gcd(n,m\%n) & , n > 0 \end{cases}$$

其中，gcd(m,n)代表 m 和 n 的最大公约数。

【参考程序】

```
#include<stdio.h>
int gcd(int m,int n)
```

```
{
    if(n==0)
        return m;
    else
        return (gcd(n,m%n));
}
void main()
{
    int m,n;
    printf("Input m、n:");
    scanf("%d%d",&m,&n);
    printf("gcd=%d\n",gcd(m,n));
}
```

注意: gcd 函数的定义还可写为如下格式。

```
int gcd(int m,int n)
{
return n==0?m:gcd(n,m%n);
}
```

32. 实现用递归函数输出回文字符串,例如,若输入 abc↙,则输出 abccba。

编程提示: 在配套教程的【例 5.7】中我们已经了解到,在 outl 函数里,如果输出语句 "printf(%c,ch);" 位于调用语句 outl()之后,那么输出的字符序列正好与输入的字符序列相反;如果输出语句 "printf(%c,ch);" 位于调用语句 outl()之前,那么输出的字符序列与输入的字符序列相同。

【参考程序】

```
#include<stdio.h>
void out1()
{
    char ch;
    scanf("%c",&ch);
    if(ch!='\n')
    {
        printf("%c",ch);
        out1();
        printf("%c",ch);
    }
}
void main()
{
    out1();
    printf("\n");
}
```

注意: 如果输入 abc↙后,要求输出的回文字符串为 "abcba",那么只需要在变量 ch 读入回车符'\n'时回退一个字符,对应的程序如下。

```
#include<stdio.h>
void out1()
{
```

```
    char ch;
    scanf("%c",&ch);
    if(ch!='\n')
    {
        printf("%c",ch);
        out1();
        printf("%c",ch);
    }
    else
        printf("\b");          /*回退一个字符*/
}
void main()
{
    out1();
    printf("\n");
}
```

33. 用函数实现下面图形的输出。

```
                    * * *
                  * * *
                * * *
                  * * *
                    * * *
```

【参考程序】

```
#include<stdio.h>
void f(int n)
{
    int i,j;
    for(i=1;i<=n;i++)
    {
        for(j=0;j<=n-i;j++)
            printf(" ");
        printf("***\n");
    }
    for(i=1;i<=n-1;i++)
    {
        for(j=i;j>=0;j--)
            printf(" ");
        printf("***\n");
    }
}
void main()
{
    f(3);
}
```

34. 楼梯有 n 阶台阶，上楼可以一步上 1 阶台阶，也可以一步上 2 阶台阶。用递归函数计算共有多少种不同的走法。

编程提示：n 阶楼梯有 $f(n)$ 种不同的走法，即

$$\begin{cases} f(n)=1 & , \ n=1 \\ f(n)=2 & , \ n=2 \\ f(n)=f(n-2)+f(n-1), & n>2 \end{cases}$$

【参考程序】

```
#include<stdio.h>
int f(int n)
{
    if(n==1||n==2)
        return(n);
    else
        return(f(n-1)+f(n-2));
}
void main()
{
    int n;
    printf("Input Steps:");
    scanf("%d",&n);
    printf("%d\n",f(n));
}
```

35. 有 A、B、C 3 根柱子和 $2n$ 个（同样大小的圆盘都有 2 个）大小差别为 n 且能套进柱子的圆盘（编号由小到大依次为 1、2、…、$2n-1$、$2n$），这 $2n$ 个圆盘已按由小到大的顺序依次套在 A 柱上。要求将这些圆盘按如下规则由 A 柱移到 C 柱上。

（1）每次只允许移动柱子最上面的一个圆盘。

（2）任何圆盘都不得放在比它小的圆盘之上。

（3）圆盘只能在 A、B、C 3 根柱子中的一根上放置。

【参考程序 1】

编程提示：可将 $2n$ 个圆盘看成 $2n$ 个大小不一的圆盘，执行汉诺塔递归程序即可。

```
#include<stdio.h>
void move(int n,char a,char b,char c)
{
    if(n>0)
    {
        move(n-1,a,c,b);
        printf("%c->%c\n",a,c);
        move(n-1,b,a,c);
    }
}
void main()
{
    int n;
    char a='A',b='B',c='C';
    printf("Input n:");                    //输入不同大小的盘数 n
```

```
        scanf("%d",&n);
        move(2*n,a,b,c);              //对 2n 个圆盘进行移动
}
```

【参考程序 2】

编程提示：既然同样大小的圆盘均有 2 个，那么可每次都移动 2 个圆盘。

```
#include<stdio.h>
void move(int n,char a,char b,char c)
{
    if(n>0)
    {
        move(n-2,a,c,b);
        printf("%c->%c\n",a,c);
        printf("%c->%c\n",a,c);
        move(n-2,b,a,c);
    }
}
void main()
{
    int n;
    char a='A',b='B',c='C';
    printf("Input n:");              //输入不同大小的盘数 n
    scanf("%d",&n);
    move(2*n,a,b,c);                 //对 2n 个圆盘进行移动
}
```

36. 猴子吃桃问题：猴子第一天摘下若干桃子，当时吃了一半，还不过瘾，又多吃了一个；第二天又将剩下的桃子吃掉一半，又多吃了一个；以此类推，以后猴子每天都吃前一天剩下的桃子的一半多一个，则第 10 天只剩下一个桃子了。试用函数求第一天猴子一共摘了多少个桃子。

【参考程序 1】

编程提示：可从第 10 天开始，倒求第 1 天的桃子个数，第 n 天的桃子个数为第 $n-1$ 天的桃子个数加 1 后乘以 2。

```
#include <stdio.h>
int f(int n)                         //n 为天数
{
int x;                               //x 为桃子个数
if(n==1)
      x=1;
else
      x=(f(n-1)+1)*2;
      return x;
}
void main()
{
    printf("%d\n",f(10));            //从第 10 天开始，倒求第 1 天的桃子个数
}
```

【参考程序 2】

编程提示：前一天的桃子个数是后一天的桃子个数加 1 后乘以 2。

```
#include <stdio.h>
void f(int x,int n)
{
    if(n!=1)
        f((x+1)*2,n-1);           //前一天的桃子个数是后一天的桃子个数加 1 后乘以 2
    else
        printf("%d\n",x);
}
void main()
{
    f(1,10);                      //第 10 天剩 1 个桃子
}
```

【参考程序 3】

```
#include <stdio.h>
int f(int x,int n)
{
if(n!=1)
    return f((x+1)*2,n-1);
else
    return x;
}
void main()
{
    printf("%d\n",f(1,10));
}
```

第 6 章

指针习题解析

1. 下面关于指针和指针变量的定义，错误的描述是_____。

A. 指针是一个变量，该变量用来存放某个变量的地址

B. 指针变量的类型与它所指向的变量类型一致

C. 指针变量的命名规则与标识符的命名规则相同

D. 在定义指针变量时，标识符前的"*"只对该标识符起作用

【解析】

指针是一个地址，且主要是指变量或数组元素的地址，它是一个常量；指针变量是一个存放地址的变量，且主要用来存放其他变量或数组元素的地址，因此选项 A 是错误的。指针变量的类型决定了它所指向的变量类型，不能指向此类型之外的其他类型的变量，因此选项 B 是正确的。指针变量名本身就是一种标识符，因此选项 C 是正确的。在定义一个变量时，前面加上"*"的变量才是指针变量，因此选项 D 是正确的。综上，本题应选 A。

2. 若两个指针变量的值相等，则表明这两个指针变量_____。

A. 占据同一个内存单元　　　　　　　B. 指向同一个内存单元地址或者都为空

C. 是两个空指针　　　　　　　　　　D. 指向的内存单元值相等

【解析】

指针变量的值是一个地址，若两个指针变量的值相等，则表明这两个指针变量指向同一个内存单元地址或者都为空，因此选项 B 是正确的。每一个指针变量都有自己的内存单元，不同指针变量的内存单元不同，因此选项 A 是错误的。除了两个指针变量的值均为空（NULL）时其值相等，两个指针变量指向同一个变量时其值也相等，因此选项 C 是错误的。地址相等即为同一个内存单元，同一个内存单元里的数据值当然相等，但如果两个指针变量的值均为空，则不存在内存单元值，因此选项 D 是错误的。综上，本题应选 B。

3. 若有定义语句"int x=0,*p;"，则下面正确的赋值语句是_____。

A. p=x;　　　　　　B. *p=x;　　　　　　C. p=NULL;　　　　　　D. *p=NULL;

【解析】

指针变量只能接收变量的地址值（如"p=&x"），而不能接收变量的值，因此选项 A 是错误的。选项 B 和选项 D 表示给指针变量 p 所指向的那个变量赋值，但二者均没有给指针变量 p 赋任何变量的地址（即 p 没有指向任何变量），由于未经赋值的指针变量是不能使用的，因此选项 B 和选项 D 是错误的。可以给指针变量赋空值或 0 值，即该指针变量不指向任何变量，因此选项 C 是正确的。综上，本题应选 C。

4. 若有定义语句"int a,*p1=&a,*p2;"，则不能完成将 p1 的值赋给 p2 的语句是_____。

A. p2=p1;　　　　　　B. p2=**p1;　　　　　　C. p2=*&p1;　　　　　　D. p2=&*p1;

【解析】

C 语言中有两个与指针有关的运算符：一个是"&"，即取其右边变量的地址，如"&a"表示取变量 a 的地址；另一个是"*"，即访问其右边指针变量所指向的变量（值），如"*p1"表示访问 p1 所指向的变量 a。

选项 A 是将指针变量 p1 的值（变量 a 的地址"&a"）赋给指针变量 p2，该项是正确的。选项 C 中的"*&p1"表示指针变量 p1 内存地址（&p1）中存放的值（&a），该项是正确的。选项 D 中的"&*p1"表示指针变量 p1 所指向的那个变量（a）的内存地址（&a），该项是正确的。上述 3 个选项都能将 p1 的值（&a）赋给 p2。而在选项 B 中，"**p1"中的"*p1"表示 p1 指向的那个变量（a），"**p1"表示 p1 指向的那个变量的值（*a），由于 a 不是一个指针变量，因此"*a"是错误的。综上，本题应选 B。

5. 若有定义语句"int n=0,*p=&n,**q=&p;"，则下面正确的赋值语句是_____。

A. p=1;　　　　　　B. *q=2;　　　　　　C. q=p;　　　　　　D. *p=5;

【解析】

我们以标识符 x 为例，如果定义为"int x;"，则 x 是一个整型变量；如果定义为"int *x;"，则 x 是一个指向整型变量的指针变量；如果定义为"int **x;"，则 x 是一个指向整型指针变量的指针变量。

在选项 A 中，由于指针变量 p 只能接收一个地址值，因此给 p 赋常量 1 是错误的。在选项 B 中，由于 q 是一个指向整型指针变量的指针变量，即 q 的值（*q）是整型指针变量的地址，因此给*q 赋常量 2 是错误的。在选项 C 中，p 和 q 是分属不同层的指针变量（p 是指针变量，即一级指针变量；q 是指向指针变量的指针变量，即二级指针变量），如果赋值的话，只能将 p 的地址赋给 q（q 的内存单元中存放的是指针变量的地址），如"q=&p;"，而不能将 p 赋给 q，因此该项是错误的。在选项 D 中，*p 为 p 指向的整型变量的值，因此将 5 赋给*p 是正确的。综上，本题应选 D。

6. 若有定义语句"int x[6]={2,4,6,8,5,7},*p=x,i;"，要求依次输出数组 x 中 6 个元素的值，则不能完成此操作的语句是_____。

A. for(i=0;i<6;i++)　　　　　　　　　　B. for(i=0;i<6;i++)

　　　printf("%2d",*(p++));　　　　　　　　　printf("%2d",*(p+i));

　　C. for(i=0;i<6;i++) 　　　　　　　　　　　　D. for(i=0;i<6;i++)

　　　　printf("%2d",*p++); 　　　　　　　　　　　　printf("%2d",(*p)++);

【解析】

　　"*(p++)"和"*p++"的含义相同，都表示取出*p 的值后，给 p 的指针值加 1，以使 p 指向下一个数组元素，因此选项 A 和选项 C 是正确的。"*(p+i)"代表数组元素 p[i]，而指针变量 p 指向数组 x 的首地址，因此 p[i]就是 x[i]，选项 B 是正确的。"(*p)++"表示给 p 指向的那个数组元素的值加 1，但此时并未给 p 的指针值加 1（即没有使指针变量 p 的值由当前数组元素的地址移至下一个数组元素的地址），因此选项 D 是错误的。综上，本题应选 D。

　　7. 若有语句"int c[4][5],(*p)[5];p=c;"，则能够正确引用数组 c 中元素的是_____。

　　A. p+1 　　　　　　B. *(p+3) 　　　　　　C. *(p+1)+3 　　　　　　D. *(p[0]+2)

【解析】

　　在本题中，p 是一个指向二维数组的指针变量，给 p 加 1 表示 p 将顺序移至二维数组 c 的下一行的首地址。在程序执行"p=c;"语句后，p 将指向二维数组 c 的首地址（即&c[0][0]）。注意，*p 指向的是二维数组 c 第 0 行的首地址（即数组元素 c[0][0]的地址），而**p 指向的是二维数组 c 第 0 行首地址*p 中的值（即数组元素 c[0][0]的值）。

　　对于选项 A，"p+1"使指针变量 p 由指向二维数组 c 的首地址下移一行，而指向二维数组 c 第一行的首地址（即&c[1][0]），该项不符合题意。对于选项 B，"*(p+3)"使指针变量 p 指向二维数组 c 第三行的首地址（即&c[3][0]），该项不符合题意。对于选项 C，"*(p+1)"使指针变量 p 指向二维数组 c 第一行的首地址，而"*(p+1)+3"使指针变量 p 由指向二维数组 c 第一行的首地址顺序后移 3 个元素位置，而指向数组元素 c[1][3]的地址（即&c[1][3]），该项不符合题意。对于选项 D，"p[0]+2"表示从二维数组 c 的首地址处后移 2 个元素位置（注意，p[0]等价于*p 或*(p+0)，p[1]等价于*(p+1)），因此，"p[0]+2"是数组元素 c[0][2]的地址，而"*(p[0]+2)"是数组元素 c[0][2]的值，该项符合题意。综上，本题应选 D。

　　8. 以下语句或语句组中，能够正确进行字符串赋值的是_____。

　　A. char *sp; *sp="right!"; 　　　　　　　　　　B. char s[10]; s="right!";

　　C. char s[10]; *s="right!"; 　　　　　　　　　　D. char *sp="right!";

【解析】

　　在选项 A 中，首先定义了一个指针变量 sp，然后将一个字符串赋给*sp，这种赋值是错误的，因为在定义之外出现的"*sp"表示指针变量 sp 指向的那个变量，而此处并没有将任何变量的地址赋给指针变量 sp。即使指针变量 sp 指向了某个变量，*sp 也只能接收一个字符值。在定义之外给指针变量赋字符串值的正确方法是"sp="right!";"，即将字符串"right!"的首地址赋给指针变量 sp，使指针变量 sp 指向这个字符串。因此选项 A 是错误的。

　　在选项 B 中，首先定义了一个字符数组，然后将一个字符串赋给数组名，由于数组名是一个指针常量（存放数组首地址），其值不可以被改变，因此选项 B 是错误的。

在选项 C 中，首先定义了一个字符数组，然后将一个字符串赋给数组的第一个元素*s（即 s[0]），由于字符数组中一个元素只能存放一个字符值，因此将一个字符串赋给一个字符元素是错误的，即选项 C 是错误的。

在选项 D 中，首先定义了一个指针变量 sp，然后使其指向一个字符串常量，这种做法是正确的，故本题应选 D。

9. 若有语句"char s[10]="Beijing",*p;p=s;"，则执行"p=s;"语句后，下面叙述中正确的是_____。

A. 可以用*p 表示 s[0]

B. 数组 s 中元素的个数和 p 所指向的字符串长度相等

C. s 和 p 都是指针变量

D. 数组 s 中的内容和指针变量 p 中的内容相同

【解析】

数组元素的个数是在定义数组时确定的，数组 s 中数组元素的个数是 10。字符串长度是从该字符串的第一个字符开始，到字符串结束标志'\0'结束（'\0'不算在内）的字符个数。本题中，p 指向的字符串"Beijing"的长度为 7，因此选项 B 是错误的。s 是数组名，其是一个指针常量，因此选项 C 是错误的。数组 s 中除了包含字符串"Beijing"，其后面的元素均为'\0'，而指针变量 p 中存放的只是数组 s 的首地址，二者完全不同，因此选项 D 是错误的。执行"p=s;"语句后，*p 等价于 s[0]，因此选项 A 是正确的。综上，本题应选 A。

10. 若有定义语句"char *x[5];"，则下面叙述中正确的是_____。

A. 定义 x 是一个指针数组，它的每个元素均是一个基本类型为 char 的指针变量

B. 定义 x 是一个指针变量，该变量可指向一个长度为 5 的字符数组

C. 定义 x 是一个指针数组，语句中的"*"称为间址运算符

D. 定义 x 是一个指向字符型函数的指针

【解析】

在定义字符数组时，如果数组名前有"*"，则该数组为指针数组，因此选项 A 是正确的，本题应选 A。

11. 若有定义语句"char a[5]={65,66,67},*p=a;"，则执行语句"printf("%s",p+1);"的输出结果是_____。

A. 6667　　　　　　B. ABC　　　　　　C. BC　　　　　　D. 出错

【解析】

执行定义语句"*p=a;"后，指针变量 p 指向字符数组 a 的首地址&a[0]。执行语句"printf("%s",p+1);"后，先由"p+1"定位于字符数组 a 的地址&a[1]，然后由格式字符"%s"控制由此位置开始输出数组 a 中的字符，直到遇到字符串结束标志'\0'，即输出的是 a[1]和 a[2]中存放的 ASCII 码值 66 和 67 所对应的字符"BC"，因此选项 C 是正确的，本题应选 C。

12. 阅读程序，给出程序的运行结果。

```
#include<stdio.h>
void main()
{
    int a=7,b=8,*p,*q,*r;
    p=&a;  q=&b;
    r=p;  p=q;  q=r;
    printf("%d,%d,%d,%d\n",*p,*q,a,b);
}
```

【解析】

上述程序既定义了 a 和 b 两个变量，并分别将初值 7 和 8 赋给它们，又定义了 p、q、r 三个指针变量，并使 p 指向 a，q 指向 b。接着，通过一个指针变量 r 的过渡，互换指针变量 p 和指针变量 q 的值，此时 p 指向 b，q 指向 a。因此，最后输出的*p 和*q 分别为 8 和 7，而 a 和 b 的原值并没有改变。故最终程序的运行结果为"8,7,7,8"。

13. 阅读程序，给出程序的运行结果。

```
#include<stdio.h>
void point(char *p)
{
    p=p+3;
}
void main()
{
    char b[4]={'a','b','c','d'},*p=b;
    point(p);
    printf("%c\n",*p);
}
```

【解析】

上述程序首先使指针变量 p 指向数组 b 中的 b[0]，然后调用 point 函数，将实参 p 的值传给 point 函数的形参 p。注意，虽然形参与实参的名字都是 p，但它们是各自独立、互不影响的指针变量。在 point 函数中改变形参 p 的值，使它指向 b[3]，当 point 函数执行结束时，形参就不复存在了。因此返回 main 函数时，原实参 p 仍指向 b[0]（见图 6.1）。故最终输出的"*p"的值为"a"。

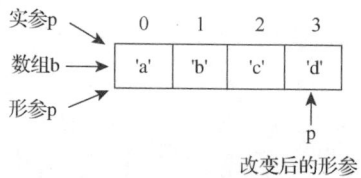

图 6.1　形参 p 与实参 p 的变化示意图

14. 阅读程序，给出程序的运行结果。

```
#include<stdio.h>
void swap1(int c1[],int c2[])
{
```

```
    int t;
     t=c1[0]; c1[0]=c2[0]; c2[0]=t;
}
void swap2(int *c1,int *c2)
{
    int t;
    t=*c1; *c1=*c2; *c2=t;
}
void main()
{
    int a[2]={3,5},b[2]={3,5};
    swap1(a,a+1);
    swap2(&b[0],&b[1]);
    printf("%d%d%d%d\n",a[0],a[1],b[0],b[1]);
}
```

【解析】

在 C 语言中，形参使用一维数组形式和使用指针变量形式的功能是一样的，因此 swap1 函数和 swap2 函数实现的功能完全相同（都是交换两个形参的值）。main 函数首先使用 swap1 函数来交换数组 a 中 a[0]和 a[1]的值，然后使用 swap2 函数来交换数组 b 中 b[0]和 b[1]的值，故最终程序的运行结果为"5353"。

15. 阅读程序，给出程序的运行结果。

```
#include<stdio.h>
int a=2;
int f(int *a)
{
    return (*a)++;
}
void main()
{
    int s=0;
    {
        int a=5;
        s=s+f(&a);
    }
    s=s+f(&a);
    printf("%d\n",s);
}
```

【解析】

我们知道，若在函数中定义了与全局变量同名的局部变量，则全局变量在该函数中将不起作用。

上述程序首先定义了一个全局变量 a，然后在 main 函数中定义了一个整型变量 s，并为其赋初值 0，接着在复合语句中定义了一个局部变量 a，并为其赋初值 5。由于该局部变量 a 和全局变量 a 同名，因此全局变量在此复合语句中将不起作用。该复合语句中调用 "f(&a)"中的 a，便是指局部变量 a，即将这个局部变量 a 的地址传给 f 函数的形参指针变量 a。函数 f 的函数体仅一条返回值语句"return (*a)++;",其表示把指针变量 a 指向的变量值（即局部变量 a 的值 5）返回给 main 函数，并使局部变量 a 自增 1（此时局部变量 a 的值由 5 变为 6）。执行复合语句中的"s=s+f(&a);"语句后，s 的值为 5，在复合语句之外再次执行"s=s+f(&a);"语句后，由于"f(&a)"中的 a 此时指的是全局变量 a（其值为 2），因此调用 f 函数后将返回值 2，此时全局变量 a 的值由 2 变为 3，执行第二条"s=s+f(&a);"语句后，s=5+2=7，即最终程序的运行结果为"7"。

16. 阅读程序，给出程序的运行结果。

```c
#include<stdio.h>
void sum(int *a)
{
    a[0]=a[1];
}
void main()
{
    int x[10]={1,2,3,4,5,6,7,8,9,10},i;
    for(i=2;i>=0;i--)
        sum(&x[i]);
    printf("%d\n",x[0]);
}
```

【解析】

在上述程序中，sum 函数用于将形参指针变量 a 当前指向的数组元素的后继数组元素的值赋给 a 当前指向的数组元素（即 a[0]=a[1]）。main 函数中定义并初始化了一个长度为 10 的整型数组 x，并执行了 3 次 for 循环（i 由 2 到 0）。如图 6.2（a）所示，当 i=2 时，先将实参"&x[2]"传给 sum 函数的形参指针变量 a，其此时指向数组 x 中的 x[2]，然后执行 sum 函数中的语句"a[0]=a[1];"。我们知道，a[i] 与 a+i 等价，由于指针变量 a 指向 x[2]，因此 a[0]（即 a+0）仍然指向 x[2]，而 a[1]（即 a+1，表示 a 当前所指数组元素 x[2] 的后一个数组元素 x[3] 的地址）指向 x[3]，也就是将 x[3] 的值赋给 x[2]。同理，当 i=1 时，传给 sum 函数的形参指针变量 a 的是 x[1] 的地址，执行 sum 函数表示将此时的 x[2] 的值赋给 x[1]；当 i=0 时，执行 sum 函数表示将此时的 x[1] 的值赋给 x[0]。for 循环结束后，数组 x 的变化如图 6.2（b）所示。故最终程序的运行结果为"4"。

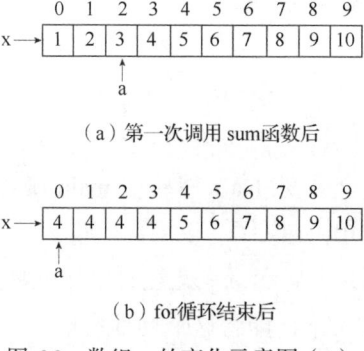

（a）第一次调用 sum 函数后

（b）for 循环结束后

图 6.2　数组 x 的变化示意图（1）

17. 阅读程序，给出程序的运行结果。

```c
#include<stdio.h>
void fun(int *a,int i,int j)
{
    int t;
    if(i<j)
    {
        t=a[i]; a[i]=a[j]; a[j]=t;
        i++;
        j--;
        fun(a,i,j);
    }
}
void main()
{
    int x[]={2,6,1,8},i;
    fun(x,0,3);
    for(i=0;i<4;i++)
        printf("%2d",x[i]);
    printf("\n");
}
```

【解析】

在上述程序中，fun 函数中使用了一条 if 语句，用于在数组下标 i 小于数组下标 j 时，交换数组元素 a[i] 和 a[j] 的值，然后使 i 值加 1，j 值减 1，随后继续递归调用 fun 函数，交换此时的数组元素 a[i] 和 a[j] 的值，直到 i 不小于 j。也就是说，fun 函数的功能是把数组 x 给定的初始下标 i 和 j 范围内的数组元素值逆置。由于数组 x 的长度为 4，且 main 函数调用 fun 函数的语句是"fun(x,0,3);"，因此该程序将 x 的首地址、数组 x 的第一个元素下标 0 及最后一个元素下标 3 传给了 fun 函数，即对数组 x 的所有元素值进行了逆置，故最终程序的运行结果为"8 1 6 2"。数组 x 的变化示意图如图 6.3 所示。

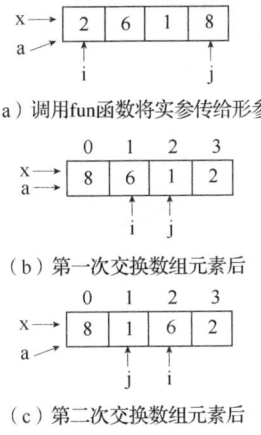

（a）调用fun函数将实参传给形参

（b）第一次交换数组元素后

（c）第二次交换数组元素后

图 6.3　数组 x 的变化示意图（2）

18. 阅读程序，给出程序的运行结果。

```
#include<stdio.h>
void sort(int a[],int n)
{
    int i,j,t;
    for(i=0;i<n-1;i=i+2)
        for(j=i+2;j<n;j=j+2)
            if(a[i]<a[j])
            {  t=a[i]; a[i]=a[j]; a[j]=t;  }
}
void main()
{
    int x[10]={1,2,3,4,5,6,7,8,9,10},i;
    sort(x,10);
    for(i=0;i<10;i++)
        printf("%d,",x[i]);
    printf("\n");
}
```

【解析】

此题是配套教程中习题 4 第 16 题的另一种形式，分析程序的运行结果的过程参见本书第 4 章第 16 题的解析。注意，sort 函数中的形参数组名 a[] 与形参指针变量*a 完全等价，上述程序将 main 函数中的数组名 a（即数组 a 的首地址）传给 sort 函数中的形参数组名 a[]。这意味着，在 sort 函数中，对形参数组 a 的所有操作实际上都是对实参数组 a 进行的。

19. 阅读程序，给出程序的运行结果。

```
#include<stdio.h>
void main()
{
    char a[4][5]={"1234","abcd","xyz","ijkm"};
    int i=3;
    char (*p)[5]=a;
    for(p=a;p<a+4;p++,i--)
        printf("%c",*(*p+i));
    printf("\n");
}
```

【解析】

图 6.4 所示为二维数组 a 存储示意图。在上述程序中，p 是一个指向二维数组 a 的指针变量，给 p 加 1 表示将 p 顺序移至下一行的行首（相当于给 p 加了一个二维数组 a 的列的长度 5）。在 for 循环中，p 首先被赋了一个二维数组 a 的首地址，"p<a+4"则限定了 p 只能在二维数组 a 的第 0 行到第 3 行范围内变化。

在第一次 for 循环中，由于 i=3，p 为数组 a 的首地址（即&a[0][0]），因此 "*p+i" 表示从数组元素 a[0][0] 的位置向后偏移 3 个元素位置（即数组元素 a[0][3] 的地址）。因此，"*(*p+i)"是数组元素 a[0][3] 的值，即第一次输出 "4"。

在第二次 for 循环中，p 加 1 指向 a[1][0]，i 由 3 变为 2，"*p+i"表示数组元素 a[1][2]

的地址，故第二次输出"c"。

以此类推，第三次 for 循环和第四次 for 循环将分别输出"y"和"i"，故最终程序的运行结果为"4cyi"。

a→	0	1	2	3	4
0	1	2	3	4	\0
1	a	b	c	d	\0
2	x	y	z	\0	\0
3	i	j	k	\0	\0

图 6.4　二维数组 a 存储示意图

20. 阅读程序，若运行时输入"1 2 3↙"，请给出程序的运行结果。

```c
#include<stdio.h>
void main()
{
    int a[3][2]={0},(*p)[2],i,j;
    for(i=0;i<2;i++)
    {
        p=a+i;
        scanf("%d",p);
        p++;
    }
    for(i=0;i<3;i++)
    {
        for(j=0;j<2;j++)
            printf("%2d",a[i][j]);
        printf("\n");
    }
}
```

【解析】

在上述程序中，初始化二维数组 a 后，其中所有数组元素的值均为 0，p 是一个指向该二维数组的指针变量。在 main 函数中，第一个 for 循环只执行两次：第一次循环时（i=0），"p=a+i;"语句使 p 指向数组元素 a[0][0]，scanf 语句给数组元素 a[0][0] 读入 1，"p++;"语句使 p 指向数组元素 a[1][0]（p 加 1 表示由指向二维数组当前行的首地址移至下一行的首地址），因此第一次循环结束时，i 值变为 1；第二次循环时（i=1），"p=a+i;"语句使 p 指向数组元素 a[1][0]（由此看出，"p++;"语句其实没有起到任何作用，因为每次进入 for 循环时，p 都会被重新赋值），scanf 语句给数组元素 a[1][0] 读入 2，因此第二次循环结束时，i 值变为 2。由于 i 值为 2，因此终止 for 语句的执行。也就是说，并没有读入 3。接下来执行下面的两层 for 循环，输出二维数组 a 的元素值如下。

```
 1 0
 2 0
 0 0
```

21. 在下面的程序中，fun 函数的功能是求 3 行 4 列的二维数组中每行元素的最大值，并将找到的最大值依次放入数组 b 中。请填空。

```c
#include<stdio.h>
void fun(int m,int n,int a[][4],int *b)
{
    int i,j,x;
    for(i=0;i<m;i++)
    {
        x=a[i][0];
        for(j=0;j<n;j++)
            if(x<a[i][j])
                x=a[i][j];
        _____=x;
    }
}
void main()
{
    int a[3][4]={{1,2,3,4},{6,3,5,8},{9,10,1,5}};
    int i,b[3];
    fun(3,4,a,b);
    for(i=0;i<3;i++)
        printf("%4d",b[i]);
    printf("\n");
}
```

【解析】

由 main 函数中调用 fun 函数的语句"fun(3,4,a,b);"可知，3 和 4 在 fun 函数的函数体中起着限制循环次数的作用，传递的二维数组 a 用于找出每行元素的最大值，而一维数组 b 在 fun 函数的函数体中根本没有出现，因此横线处肯定与 b 有关。因为 main 函数最后要输出一维数组 b 的元素值，所以数组 b 必定是用来保存二维数组 a 中各行元素的最大值的。fun 函数的循环体是一个二重循环，外循环首先将 a[i][0] 的值赋给 x，然后在内循环中比较 x 和 a[i][j] 的大小，并使 x 始终存放本行元素中值最大的那个。也就是说，x 是保存结果的临时变量，最后应将 x 的值赋给数组 b 中对应的元素。因此形参 b 要根据行的变化指向数组 b 中对应的元素，即随着行的增加，b 的指针值也增加。故横线处应填"*(b++)"、"b[i]"或"*(b+i)"。

22. 阅读程序，给出程序的运行结果。

```c
#include<stdio.h>
void main()
{
    char str[][10]={"China","Beijing"},*p=str[0];
    printf("%s\n",p+10);
}
```

【解析】

图 6.5 所示为二维字符数组 str 存储示意图。在初始化后，指针变量 p 指向 str[0]，也就是数组元素 str[0][0] 的地址；"p+10"使指针变量 p 顺序后移 10 个数组元素位置，即指向数组元素 str[1][0] 的地址。因此，printf 语句输出的字符串是从数组元素 str[1][0] 开始，到第一

个'\0'结束的字符串，故最终程序的运行结果为“Beijing”。

0 1 2 3 4 5 6 7 8 9
str
0 C h i n a \0 \0 \0 \0 \0
1 B e i j i n g \0 \0 \0

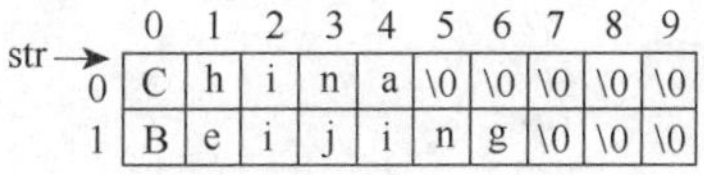

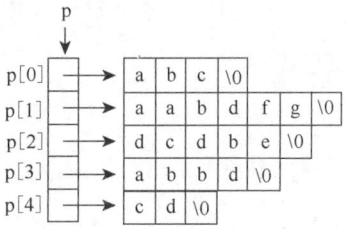

图 6.5 二维字符数组 str 存储示意图

23. 阅读程序，给出程序的运行结果。

```
#include<stdio.h>
#include<string.h>
void main()
{
    char *p[5]={"abc","aabdfg","acdbe","abbd","cd"};
    printf("%d\n",strlen(p[3]));
}
```

【解析】

初始化后的指针数组 p 如图 6.6 所示。由该图可知，执行“strlen(p[3])”语句后，返回值为字符串"abbd"的长度，故最终程序的运行结果为“4”。

p
p[0] a b c \0
p[1] a a b d f g \0
p[2] d c d b e \0
p[3] a b b d \0
p[4] c d \0

图 6.6 初始化后的指针数组 p

24. 阅读程序，给出程序的运行结果。

```
#include<stdio.h>
void main()
{
    char a[]="Language",b[]="Programe";
    char *p1,*p2;
    int k;
    p1=a;
    p2=b;
    for(k=0;k<=7;k++)
        if(*(p1+k)==*(p2+k))
          printf("%c",*(p1+k));
}
```

【解析】

上述程序首先定义了字符数组 a 和字符数组 b,其初值分别为"Language"和"Programe",然后定义了指针变量 p1 和指针变量 p2，其分别指向 a 和 b（见图 6.7）。程序中的 for 循环每循环一次，就将 p1+k 和 p2+k（k 由 0 到 7 递增）指向的数组元素中的字符进行比较，若二者相等，则输出该字符，否则不做任何事。这种循环共进行了 8 次，显然"Language"和"Programe"中只有 gae 相等，故最终程序的运行结果为“gae”。

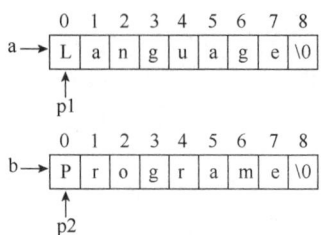

图 6.7　字符数组 a 和字符数组 b 示意图

25. 阅读程序，给出程序的运行结果。

```c
#include<stdio.h>
void fun1(char *p)
{
    char *q;
    q=p;
    while(*q!='\0')
    {
        (*q)++;
        q++;
    }
}
void main()
{
    char a[]={"Program"},*p;
    p=&a[3];
    fun1(p);
    printf("%s\n",a);
}
```

【解析】

在 fun1 函数中，首先将形参指针变量 p 指向的数组元素地址存入指针变量 q 中，然后执行 while 循环，当 q 指向的数组元素的值不是'\0'时，给该数组元素的值增 1，"q++;"语句使 q 的指针值增 1，并指向下一个数组元素位置。因此，fun1 函数的功能是对字符数组中的字符串（从某一个字符开始，到字符串中的最后一个字符结束，且不包括'\0'字符）进行增 1 操作。在 main 函数中，实参指针变量 p 初始指向的是字符数组 a 中 a[3]的地址，即将这个地址传给形参指针变量 p。因此，实际上是使 a[3] ~ a[6]的数组元素的值都增 1。最终程序的运行结果为 "Prohsbn"。字符数组 a 的变化如图 6.8 所示。

图 6.8　字符数组 a 的变化

26. 阅读程序，给出程序的运行结果。

```c
#include<stdio.h>
char *s1(char *s)
{
    char *p,t;
    p=s+1;
    t=*s;
    while(*p)
    {
        *(p-1)=*p;
        p++;
    }
    *(p-1)=t;
    return s;
}
void main()
{
    char *p,str[10]="abcdefgh";
    p=s1(str);
    printf("%s\n",p);
}
```

【解析】

在调用 s1 函数时，将实参（即字符数组名）str 传给形参指针变量 s。语句 "p=s+1;"
使指针变量 p 指向 str[1] 位置，并用字符变量 t 保存 str[0] 的值（即字符'a'）。while 循环中的
"*(p-1)=*p;" 语句将 p 指向的数组元素的值赋给 p-1 位置（即前一个数组元素位置）的数
组元素；"p++;" 语句使 p 的指针值增 1，并使 p 指向下一个数组元素。while 循环重复执行
这种操作，直到指针变量 p 指向的数组元素的值为 0（即'\0'）。也就是说，while 循环的功
能是对字符数组中的字符串，从某一个数组元素位置开始，到最后一个值为非'\0'的数组元
素位置结束，依次把该位置的数组元素的值赋给其前一个位置的数组元素。当 while 语句
执行结束后，"*(p-1)=t;" 语句将原数组元素 str[0] 的值 a 赋给数组元素 str[7]。不难看出，
s1 函数的功能是使字符串"abcdefgh"循环左移一位，故最终程序的运行结果为 "bcdefgha"。
字符数组 str 的变化如图 6.9 所示。

（a）调用s1函数并执行完 "p=s+1;" 语句后

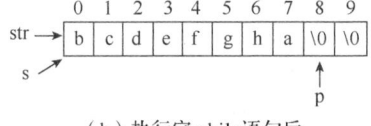

（b）执行完while语句后

图 6.9 字符数组 str 的变化

27. 阅读程序，给出程序的运行结果。

```c
#include<stdio.h>
void fun(char *t,char *s)
{
    while(*t!=0)
        t++;
    while((*t++=*s++)!=0);
}
void main()
{
    char s1[10]="acc",a1[10]="bbxxyy";
    fun(s1,a1);
    printf("%s,%s\n",s1,a1);
}
```

【解析】

在上述程序的 fun 函数中，前一个 while 循环的作用是，若形参指针变量 t 所指向的数组元素的值不为 0（即'\0'），则使 t 增 1（即指向下一个数组元素），直到 t 指向的数组元素的值为 0，因此，指针变量 t 在第一个 while 循环结束时，将指向数组元素 s1[3]。后一个 while 循环的作用是，将指针变量 s 指向的数组元素的值赋给指针变量 t 指向的数组元素，并使 s 和 t 增 1，即都指向其后继数组元素，直到赋给 t 指向的数组元素的值为 0。因此，fun 函数的作用是将形参指针变量 s 指向的字符串连接到形参指针变量 t 指向的字符串末尾，这与 strcat 函数的功能类似。因此，执行完 fun 函数后，数组 s1 的字符串为"accbbxxyy"，数组 a1 的字符串仍为"bbxxyy"。故最终程序的运行结果为"accbbxxyy,bbxxyy"。调用 fun 函数传递参数后，字符数组 s1 与 a1 的变化如图 6.10 所示。

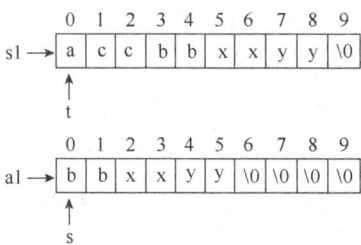

图 6.10　调用 fun 函数传递参数后，字符数组 s1 与 a1 的变化

28. 阅读程序，给出程序的运行结果。

```c
#include<stdio.h>
#include<string.h>
void f(char *s,char *t)
{
    char k;
    k=*s;*s=*t;*t=k;
    s++;t--;
    if(*s)
        f(s,t);
```

```
    }
void main()
{
        char str[]="abcdefg",*p;
        p=str+strlen(str)/2+1;
        f(p,p-2);
        printf("%s\n",str);
    }
```

【解析】

图 6.11 所示为程序执行过程中数组 str 的变化。"str"是字符数组 str 的起始位置；"strlen(str)"的值是字符数组 str 中存放的字符串"abcdefg"的字符个数（不包括'\0'），也就是7。因此执行"p=str+strlen(str)/2+1;"语句后，p 定位于 str+4（即数组元素 str[4]的位置）。执行函数调用语句"f(p,p-2);"后，s 定位于 str[4]，t 定位于 str[2]，如图 6.11（a）所示。

在 f 函数中，语句"k=*s;*s=*t;*t=k;"用于完成 s 与 t 指向的字符的交换。随后，s 的指针值后移一个字符位置，t 的指针值前移一个字符位置，如图 6.11（b）所示。

接下来执行条件语句"if(*s) f(s,t);"，该语句用于判断当前 s 所指位置中的字符是否为'\0'，若是，则相当于执行一条空语句；若否，则递归调用"f(s,t);"。继续交换指针变量指向的字符，并改变其指向，直到 s 指向的字符为'\0'，如图 6.11（c）所示。

故最终程序的运行结果为"gfedcba"。

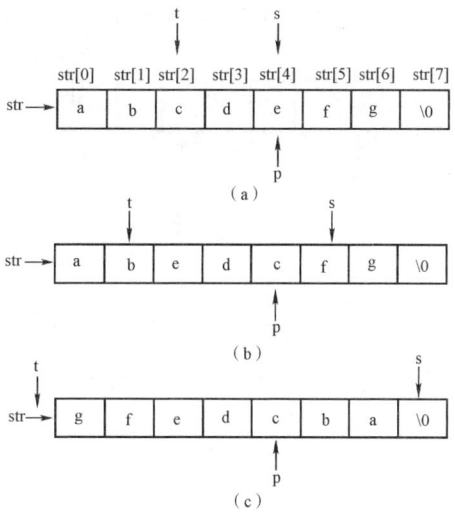

图 6.11　程序执行过程中数组 str 的变化

29. 阅读程序，给出程序的运行结果。

```
#include<stdio.h>
void main()
{
    char s[]={"Yes\n/No"},*p=s;
    puts(p+4);
    *(p+4)=0;
```

```
        puts(s);
    }
```

【解析】

图 6.12 所示为程序执行过程中字符数组 s 的变化。定义字符数组 s 并为其赋初值后，p+4 指向数组元素 s[4]，如图 6.12（a）所示。因此，执行 "puts(p+4);" 语句后，将输出 "/No" 并换行（puts 函数输出完字符串后自动换一行）。

执行 "*(p+4)=0;" 语句后，字符数组 s 的存储情况如图 6.12（b）所示。注意，将 0 赋给*(p+4)指向的数组元素，就是将 ASCII 码值为 0 的字符'\0'赋给*(p+4)指向的数组元素，s[4]的字符由'/'变为'\0'。

接着执行 "puts(s);" 语句，输出 "Yes"。随后因遇到字符'\n'而换行，并因遇到字符'\0'（字符串结束标志）而停止输出，最后执行 puts 函数本身的输出字符串后换行的功能，故最终程序的运行结果如下。

```
/No
Yes
```

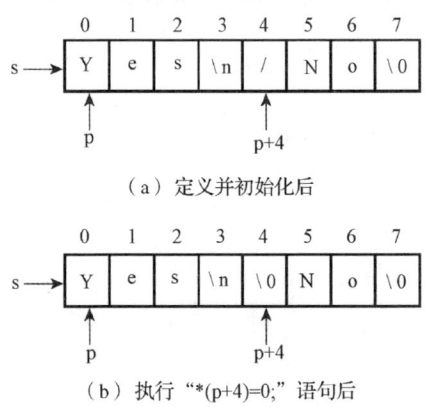

（a）定义并初始化后

（b）执行 "*(p+4)=0;" 语句后

图 6.12　程序执行过程中字符数组 s 的变化

30. 在下面的程序中，用 strcpy2 函数实现字符串的复制，即将 t 所指向的字符串复制两次到 s 所指向的存储空间中，并合并成一个新的字符串。例如，若 t 所指向的字符串为 "efgh"，则调用 strcpy2 函数后，s 指向的字符串为 "efghefgh"。请填空。

```
#include<stdio.h>
void strcpy2(char *s,char *t)
{
    char *p=t;
    while(*s++=*t++);
    s=   (1)   ;
    while(   (2)   =*p++);
}
void main()
{
    char str1[40]="abcd",str2[]="efgh";
    strcpy2(str1,str2);
```

```
        printf("%s\n",str1);
}
```

【解析】

在 strcpy2 函数中，前一个 while 循环的作用是将指针变量 t 指向的数组元素的值赋给指针变量 s 指向的数组元素，随后令 t 和 s 的指针值增 1，即指向其后继元素，重复这一过程，直到赋给指针变量 s 指向的数组元素的值为 0（即'\0'）。注意，即使指针变量 s 指向的数组元素的值为 0，但因为"*s++"是后缀形式，所以其指针值仍要增 1，故第（1）空应使指针 s 回调一个元素位置，应填"s-1"或"s--"。后一个 while 循环的作用是实现第二次复制，照抄第一次 while 循环即可，故第（2）空应填"*s++"。

31. 输入 3 个整数，然后用函数将这 3 个数按从小到大的顺序排列。此外，参数传递要求采用指针方式。

【参考程序】

```
#include<stdio.h>
void swap(int *p1,int *p2)
{
    int p;
    p=*p1;
    *p1=*p2;
    *p2=p;
}
void main()
{
    int n1,n2,n3;
    int *p1,*p2,*p3;
    printf("Input three integer:");
    scanf("%d%d%d",&n1,&n2,&n3);
    p1=&n1;
    p2=&n2;
    p3=&n3;
    if(n1>n2) swap(p1,p2);
    if(n1>n3) swap(p1,p3);
    if(n2>n3) swap(p2,p3);
    printf("After order: %d,%d,%d\n",n1,n2,n3);
}
```

32. 通过函数，利用选择排序法将若干数按从大到小的顺序排列。此外，参数传递要求采用指针方式。

编程提示：既可以采用交换数组元素值的方法来使数组中所有元素存储的值按顺序排列，也可以不改变数组 a 中的数组元素值，而是另设一个指针数组 pr，并使该指针数组中的每个数组元素（指针变量）存储数组 a 中的一个数组元素地址。之后通过比较指针数组 pr 中各数组元素所指向地址中的值（即数组 a 中的数组元素值）来调整其中各数组元素的指向，以使指针数组 pr 中顺序排列的每个数组元素所指向地址中的值也是有序的。

【参考程序 1】

```c
#include<stdio.h>
void sort(int *x,int n)
{
    int i,j,k,t;
    for(i=0;i<n-1;i++)
    {
        k=i;
        for(j=i+1;j<n;j++)
            if(x[k]>x[j])
                k=j;
        if(k!=i)
        {
            t=x[i];
            x[i]=x[k];
            x[k]=t;
        }
    }
}
void main()
{
    int a[20],n,k,*p;
    printf("How many data ? ");
    scanf("%d",&n);
    printf("Please input %d data:\n",n);
    for(p=a;p<a+n;p++)
        scanf("%d",p);
    p=a;
    sort(p,n);
    for(k=0;k<n;k++)
        printf("%4d",*p++);
    printf("\n");
}
```

【参考程序 2】

```c
#include<stdio.h>
void sort(int **p,int n)
{
    int i,j,m,*t;
    for(i=0;i<n-1;i++)
    {
        t=*p+i;
        for(j=i+1;j<n;j++)
            if(*t>*(*p+j))
                t=*p+j;
        if(t!=*p+i)                      //交换数组元素的地址值
        {
            m=*(*p+i);
            *(*p+i)=*t;
            *t=m;
```

```
            }
        }
}
void main()
{
    int a[20],i,n,**p,*pr[20];
    printf("How many data ? ");
    scanf("%d",&n);
    for(i=0;i<n;i++)
//将数组 a 中的每个数组元素地址对应赋给指针数组 pr 中的元素
            pr[i]=&a[i];
    printf("Please input %d data:\n",n);
    for(i=0;i<n;i++)
        scanf("%d",pr[i]);
    p=pr;
    sort(p,n);
    printf("After order:\n");
    for(i=0;i<n;i++)
        printf("%4d",*pr[i]);
    printf("\n");
}
```

33. 编写一个 fun 函数，其功能是删除字符串中的数字字符。例如，若输入字符串 "01China2025"，则输出字符串"China"。此外，参数传递要求采用指针方式。

【参考程序】

```
#include<stdio.h>
#include<string.h>
void func(char *s)
{
    char *pr;
    for(pr=s;*pr!='\0';pr++)
        while(*pr>='0'&&*pr<='9')
            strcpy(pr,pr+1);              //过滤掉数字字符
}
void main()
{
    char st[40];
    printf("Input string:\n");
    gets(st);
    func(st);
    printf("After delete digital char:\n%s\n",st);
}
```

34. 编写一个函数来判断一个字符串是否为另一个字符串的子串。

编程提示：我们用 p 来标识每趟比较时主串（即字符数组 s 中的字符串）的起始位置，并在每趟比较开始时，置 p1 为主串上一趟比较的起始位置的下一个位置（即确定新一趟比较的起始位置），置 p2 为子串的起始位置，然后逐个字符进行比较。若主串和子串都未到达字符串结束标志'\0'，且比较的字符相等，则 p1 和 p2 都移至本字符串顺序的下一个字符

位置，并继续进行比较，直到不满足条件表达式"*p1!='\0'&&*p2!='\0'&&*p1==*p2"中的某个条件。此时，若 p2 指向的字符位置已经到达字符串结束标志'\0'，则表示已经在主串中找到了这个子串，因此应将该子串在主串中的位置返回给 main 函数（注意，虽然此时的 p 值就是该子串在主串中的位置，但它是一个地址值，因此必须与主串的起始位置相减后加 1，才能知道该子串的起始位置是主串中第几个字符的位置）。其他情况则表示并未在主串中找到该子串，因此应进行下一趟子串寻找，即置 p1 为主串上一趟比较的起始位置（在 p 中保存）的下一个位置（即新一趟比较的起始位置）。

【参考程序】

```c
#include<stdio.h>
int substr(char *s1,char *s2);
void main()
{
    char s[]="I am a good student.";
    int n;
    n=substr(s,"en");
    if(n==0)
       printf("Not found!\n");
    else
       printf("This string starts at pos %d\n",n);
}
int substr(char *s1,char *s2);
{
    int loc;
    char *p,*p1,*p2;
    loc=0;
    p1=s1;
    while(*p1!=NULL&&loc==0)
    {
        p=p1;p2=s2;                /*用 p 标记主串本趟比较的起始位置，置 p2 为子串的起始位置*/
        while(*p1!='\0'&&*p2!='\0'&&*p1==*p2)
        {                          /*当主串和子串都未结束，且比较的字符相等时*/
            p1++;p2++;
        }
        if(*p2=='\0')              /*若此时 p2 指向 '\0'，则表示已在主串中找到子串*/
            loc=p-s1+1;            /*通过指针差求子串在主串中的位置*/
        else
            p1=p+1;                /*从主串的下一位置开始比较*/
    }
    return loc;                    /*返回子串在主串中的位置值，若返回 0，则表示未找到子串*/
}
```

35. 用函数实现寻找一个二维数组的鞍点，即该元素在该行上值最大且在该列上值最小。

编程提示：输入二维数组 a[5][5]中的全部数据，使 k 的取值范围为 0～4，找出 a[i][0]～a[i][4]中的最小值下标 j，并判断 a[i][j]是否是 a[0][j]～a[4][j]中的最大值，若是，则找到目标鞍点。

【参考程序 1】

```c
#include<stdio.h>
void find(int p[][5],int n)
{
    int i,j,k;
    for(i=0;i<n;i++)
    {
        j=0;
        for(k=1;k<n;k++)
            if(p[i][k]<p[i][j])
                j=k;
        for(k=0;k<n&&(k==i||p[i][j]>p[k][j]);k++);
        if(k==n)
            printf("i=%d,j=%d,p[i][j]=%d\n",i,j,p[i][j]);
    }
}
void main()
{
    int a[5][5],i,j;
    printf("Input a[5][5]:\n");
    for(i=0;i<5;i++)
        for(j=0;j<5;j++)
            scanf("%d",&a[i][j]);
    find(a,5);
}
```

【参考程序 2】

```c
#include<stdio.h>
void find(int a[][5],int n)
{
    int j,k,(*p)[5],(*r)[5];
for(p=a;p<a+5;p++)
{
j=0;
for(k=1;k<5;k++)
if(*(*p+k)<*(*p+j))
j=k;
for(r=a;r<a+5&&(p==r||*(*p+j)>*(*r+j));r++);
if(r==a+5)
printf("i=%d,j=%d,a[i][j]=%d\n",p-a,j,*(*p+j));
}
}
void main()
{
    int a[5][5],*q,(*p)[5];
    printf("Input a[5][5]:\n");
    for(p=a;p<a+5;p++)
        for(q=*p;q<*p+5;q++)
            scanf("%d",q);
```

```
    find(a,5);
}
```

36. 已有一个按从大到小的顺序排列好的数组，现输入一个数，请通过编写函数的方式，将这个数仍按从大到小的顺序插入该数组。

【参考程序】

```
#include<stdio.h>
void insert(int s[],int *p,int x)
{
    int i;
    i=*p-1;                    /* i 定位于数组 a 中存放的最后一个非 0 整数的位置*/
    while(s[i]<x&&i>=0)        /*将大于 x 的数组元素顺序后移 1 个位置*/
    {
        s[i+1]=s[i];
        i--;
    }
    s[i+1]=x;
    (*p)++;                    /*使数组 a 中的元素个数计数（存于 n 中）加 1*/
}
void main()
{
    int a[10]={10,9,7,5,1};
    int i,x,n=5;
    printf("Input x:");
    scanf("%d",&x);
    insert(a,&n,x);
    printf("After insert:\n");
    for(i=0;i<n;i++)
        printf("%4d",a[i]);
    printf("\n");
}
```

注意：insert 函数中的 i 首先被赋以数组 a 中最后一个非 0 元素位置的值（作为数组下标），然后由后向前将值大于 x 的数组元素顺序后移一个位置，直到 i（作为数组下标）指向的数组元素的值不大于 x。请注意，此时 i+1 位置即 x 应该存放在数组 a 中的位置，"(*p)++;"语句将数组 a 中的元素个数计数（存于 n 中）加 1，使其由 5 变为 6。因此，该程序也可以改为在输入多个数时，仍使数组 a 有序。

第 7 章

结构体习题解析

1. 以下对结构体类型变量 td 的定义中，错误的是_____。

A. typedef struct aa	B. struct aa	C. struct	D. struct
{ int n;	{ int n;	{ int n;	{ int n;
float m;	float m;	float m;	float m;
}AA;	};	}aa;	}td;
AA td;	struct aa td;	struct aa td;	

【解析】

　　选项 A 中首先使用 typedef 语句为结构体 aa 定义了一个新的结构体类型名 AA，然后使用 AA 来定义结构体变量，该项是正确的。选项 B 中首先定义了一个结构体类型 struct aa，然后使用 struct aa 来定义结构体变量 td，该项是正确的。选项 C 中定义了一个无结构体名的结构体类型，"}"后的"aa"为该结构体类型的变量，但"struct aa td;"中的"struct aa"并不是一个结构体类型，因此不能用来定义结构体变量 td，该项是错误的。选项 D 中定义了一个无结构体名的结构体类型，这种定义形式所定义的结构体变量只能出现在"}"之后，即 td 为该结构体类型的变量，该项是正确的。综上，本题应选 C。

　　2. 有以下结构体说明、变量定义和赋值语句，若要引用结构体变量 std 中的成员 color，则下面选项中错误的是_____。

```
struct
{
    char name[20];
    char color;
    float price;
}std,*ptr;
ptr=&std;
```

　　A. std.color　　　　B. ptr->color　　　　C. std->color　　　　D. (*ptr).color

【解析】

　　我们知道，引用结构体变量中成员的一般形式为"结构体变量名.成员名"，而引用结构体指针变量指向的结构体变量中成员的一般形式为"(*结构体指针变量名).成员名"或"结构体指针变量名->成员名"。

在本题中,选项 B 和选项 D 为引用结构体指针变量指向的结构体变量中成员的正确形式,选项 A 为引用结构体变量中成员的正确形式,而选项 C 是引用结构体变量中成员的错误形式,故本题应选 C。

3. 有以下结构体说明和变量定义语句,则下面引用结构体变量成员的表达式中错误的是_____。

```
struct student
{
    int age; char num[8];
};
struct student stu[3]={{20,"200801"},{21,"200802"},{19,"200803"}};
struct student *p=stu;
```

    A. (p++)->num   B. p->num   C. (*p).num   D. stu[3].age

【解析】

结构体变量也有地址,因此可以把它的存储空间首地址赋给一个指针变量,并通过这个指针变量来引用结构体成员。选项 A、B、C 就是通过指针变量来引用结构体成员的,且由于将结构体数组名 stu 赋给了指针变量 p,因此(p++)->num、p->num 和(*p).num 都表示结构体数组元素 stu[0]的成员 num。(p++)->num 和 p->num 的区别在于,(p++)->num 取出 stu[0].num 后,指针 p 将指向 stu[1];p->num 取出 stu[0].num 后,指针 p 仍指向 stu[0]。(*p).num 则是 p->num 的另一种表达形式。本题程序定义的结构体数组 stu 中只有 stu[0]、stu[1]和 stu[2]3 个数组元素,而没有 stu[3],因此选项 D 是错误的,本题应选 D。

4. 有以下结构体说明、变量定义和赋值语句,则下面 scanf 函数调用语句中错误引用结构体变量成员的是_____。

```
struct STD
{
    char name[10];
    int age;
    char sex;
}s[5],*ps;
ps=&s[0];
```

    A. scanf("%s",s[0].name);   B. scanf("%d",&s[0].age);
    C. scanf("%c",&(ps->sex));   D. scanf("%d",ps->age);

【解析】

我们知道,在 scanf 函数中,除了第一个参数为格式控制字符串,其余参数均为地址值。选项 A 中的 s[0].name 是一个数组名(即一个地址值),因此该项是正确的。选项 B 和选项 C 中的&s[0].age 和&(ps->sex)均为地址值,因此这两项是正确的。选项 D 中的 ps->age 是通过结构体指针 ps 引用其指向的结构体数组元素的成员 age,age 是整型变量,而不是地址值，因此该项是错误的。综上，本题应选 D。

5. 下面叙述中错误的是____。

A. 可以通过 typedef 增加新的类型

B. 可以用 typedef 将已存在的类型用一个新的名字来表示

C. 用 typedef 定义新的类型名后，原有类型名仍有效

D. 用 typedef 可以为各种类型起别名，但不能为变量起别名

【解析】

typedef 关键字用于给已存在的类型起一个新的名字，但不能通过这个关键字增加新的类型，故本题应选 A。

6. 若有以下类型的定义语句，则下面叙述中正确的是____。

```
typedef struct S
{
    int g; char h;
}T;
```

A. 可用 S 定义结构体变量　　　　　B. 可用 T 定义结构体变量

C. S 是 struct 类型的变量　　　　　D. T 是 struct S 类型的变量

【解析】

本题中，S 是结构体名，T 是结构体类型名，二者均不是结构体变量，因此选项 C 和选项 D 是错误的。结构体名是不能定义结构体变量的，因此选项 A 是错误的。结构体类型名是可以定义结构体变量的，因此选项 B 是正确的。综上，本题应选 B。

7. 若有以下共用体说明和变量定义语句，则下面叙述中错误的是____。

```
union dt
{
    int a; char b; double c;
}data;
```

A. data 的每个成员的起始地址都相同

B. 变量 data 所占内存字节数与成员 c 所占字节数相同

C. 若已执行"data.a=5;"语句,则执行"printf("%f\n",data.c);"语句输出的结果是 5.000000

D. data 可以作为函数的实参

【解析】

共用体变量中的所有成员共享同一个存储空间，共用体变量所占内存字节数与成员中占内存字节数最多的那个相同。

本题中，共用体成员 c 所占内存字节数最多，其与共用体变量 data 所占内存字节数相同，因此选项 B 是正确的。由于共用体变量中所有成员共享同一个存储空间，因此共用体变量中所有成员的起始地址都相同，因此选项 A 是正确的。同结构体变量一样，共用体变量也可以作为实参进行传递，即可以传递共用体变量的地址，因此选项 D 是正确的。在内

存中，实数与整数存放的形式完全不同，共用体变量中的所有成员共享同一个存储空间，但各成员值的存放形式由各成员的类型决定，因此选项 C 是错误的。综上，本题应选 C。

8. 若有以下共用体说明和变量定义语句，则下面正确的语句是_____。

```
union data
{
    int i; char c; float f;
}x;
int y;
```

    A. x=10.5;   B. x.c=101;   C. y=x;   D. printf("%d\n",x);

【解析】

    共用体变量和结构体变量都不能直接参与一般运算，而只能通过“->”或“.”运算取其成员变量的方式参与。因此，选项 A、C、D 是错误的，本题应选 B。

9. 若有以下程序段，则下面选项中表达式的值为 11 的是_____。

```
struct st
{
    int x; int *y;
}*pt;
int a[]={1,2},b[]={3,4};
struct st c[2]={10,a,20,b};
pt=c;
```

    A. *pt->y   B. pt->x   C. ++pt->x   D. (pt++)->x

【解析】

    注意，本题涉及的运算符中，“->”的优先级最高，“*”和“++”的优先级相同，但其结合性为从右至左。因此，选项 A 等价于“*(pt->y)”，也就是指针变量 pt 指向的结构体数组元素中的成员指针变量 y 指向的变量内容。由上面的程序段可知，指针变量 pt 实际上指向的是结构体数组 c 中的第一个数组元素（即 c[0]），而在数组元素 c[0] 中，成员指针变量 y 又被初始化为指向数组 a 中的第一个数组元素（即 a[0]），故“*pt->y”的值为数组元素 a[0] 的值（即 1）。选项 B 等价于 c[0].x 的值（即 10）。选项 C 等价于“++(pt->x)”，由于其中的++是前缀形式，因此其值为选项 B 中已求得的 c[0].x 值加 1（即 11）。在选项 D 中，++是后缀形式，即先求“pt->x”的值，再使指针变量 pt 后移一个数组元素位置（即指向 c[1]），因此其值仍为 c[0].x 的值（即 10）。综上，本题应选 C。

10. 阅读程序，给出程序的运行结果。

```
#include<stdio.h>
struct st
{
    int x,y;
}data[2]={1,10,2,20};
void main()
{
    struct st *p=data;
```

```
    printf("%d",p->y);
    printf("%d\n",(++p)->x);
}
```

【解析】

上述程序首先定义了一个结构体类型 struct st，以及一个包含两个数组元素的结构体数组 data，并将其初始化为"{1,10,2,20}"。在 main 函数中，首先定义了一个指向结构体变量的指针变量 p，并将其初始化为结构体数组 data 的首地址&data[0]，然后输出"p->y"和"(++p)->x"。"p->y"等价于输出 data[0].y；"(++p)->x"中由于++是前缀形式，因此等价于输出 data[1].x。从结构体数组 data 的初始化列表中可以看出，这两个值分别是 10 和 2，故程序的运行结果为"102"。

11. 阅读程序，给出程序的运行结果。

```
#include<stdio.h>
typedef struct
{
    int b,p;
}A;
void f(A c)
{
    int j;
    c.b+=1;
    c.p+=2;
}
void main()
{
    int i;
    A a={1,2};
    f(a);
    printf("%d,%d\n",a.b,a.p);
}
```

【解析】

结构体变量用作函数参数时，会将实参结构体变量整体传给被调函数的形参结构体变量。传递后，实参与形参之间就再无关系了。因此，本题中 f 函数对传入的形参结构体变量成员值进行修改并不会影响到实参结构体变量，a 的内容还是"{1,2}"，即程序的运行结果为"1,2"。

12. 阅读程序，给出程序的运行结果。

```
#include<stdio.h>
#include<string.h>
typedef struct student
{
    char name[10];
    int sno;
    float score;
}STU;
```

```
void main()
{
    STU a={"Zhangsan",2008,95},b={"Shangxian",2009,90},
c={"Anhua",2010,95},d,*p=&d;
    d=a;
    if(strcmp(a.name,b.name)>0)
        d=b;
    if(strcmp(c.name,d.name)>0)
        d=c;
    printf("%d%s\n",d.sno,p->name);
}
```

【解析】

上述程序首先定义了一个结构体类型 STU，其包含 3 个成员：一个长度为 10 的字符数组、一个整型变量，以及一个实型变量。在 main 函数中，首先用 STU 定义了 a、b、c、d 4 个结构体变量，并给其中的 a、b 和 c 赋初值；然后定义了一个结构体指针变量 p，并让它指向结构体变量 d；接下来将结构体变量 a 整体赋值给结构体变量 d；最后通过两条 if 语句来比较结构体变量 a、b 和 c 中各自成员 name 的大小。第一条 if 语句比较 a.name 和 b.name 的大小，并将 name 值较小的那个结构体变量的值整体赋给结构体变量 d；第二条 if 语句比较 c.name 和 d.name 的大小，若 c.name 的值较大，则将这个值整体赋给结构体变量 d（这一点与第一条 if 语句不同）。由于第一条 if 语句的表达式 "strcmp(a.name,b.name)>0" 为真，因此将结构体变量 b 赋值给结构体变量 d。由于第二条 if 语句的表达式 "strcmp(c.name,d.name)>0" 为假，因此不执行该 if 语句的子句，即最后的 d 值是 b 的值。故程序的运行结果为 "2009 Shangxian"。

13. 阅读程序，给出程序的运行结果。

```
#include<stdio.h>
struct NODE
{
    int k;
    struct NODE *link;
};
void main()
{
    struct NODE m[5],*p=m,*q=m+4;
    int i=0;
    while(p!=q)
    {
        p->k=++i;
        p++;
        q->k=i++;
        q--;
    }
    q->k=i;
    for(i=0;i<5;i++)
        printf("%d",m[i].k);
```

```
    printf("\n");
}
```

【解析】

上述程序首先定义了一个结构体类型 struct NODE，接着在 main 函数中定义了一个结构体数组 m[5]，以及两个指向结构体变量的指针变量 p 和 q，并使 p 指向 m（即 m[0]），q 指向 m+4（即 m[4]），随后定义了一个整型变量 i，并将其值初始化为 0，执行 while 语句，在 p 不等于 q 的情况下执行循环体：给 p 指向的数组元素中的成员 k 赋 "++i" 的值，并使 p 顺序指向下一个数组元素；给 q 指向的数组元素中的成员 k 赋 "i++" 的值，并使 q 前移一个数组元素位置。这里要注意 i 的变化，即 i 从 0 开始，交替执行语句 "++i" 和 "i++"，这两个表达式第一次循环时，i 分别为 1 和 1；第二次循环时，i 分别为 3 和 3。当 p 等于 q 时，while 循环体只执行两次，此时 p 和 q 都指向 m[2]，在 "i++" 的作用下，退出 while 循环时，i 为 4，因此执行 "q->k=i;" 语句时，将给成员 m[2].k 赋 4，故程序的运行结果为 "13431"。结构体数组 m 的变化示意图如图 7.1 所示。

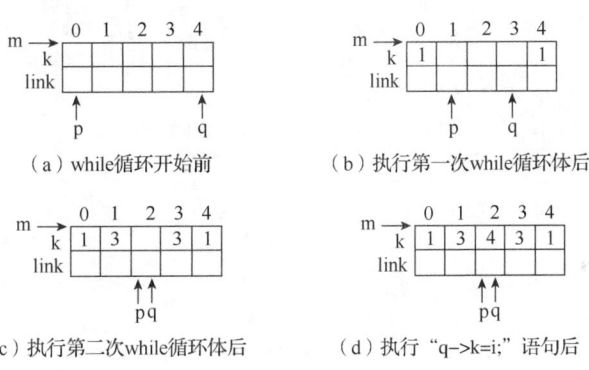

（a）while循环开始前   （b）执行第一次while循环体后

（c）执行第二次while循环体后   （d）执行 "q->k=i;" 语句后

图 7.1　结构体数组 m 的变化示意图

14. 阅读程序，给出程序的运行结果。

```
#include <stdio.h>
struct stri_type
{
  char ch1;
  char ch2;
  struct
  {
  int a;
  int b;
  }ins;
};
void main()
{
  struct stri_type ci;
  ci.ch1='a';
  ci.ch2='A';
  ci.ins.a=ci.ch1+ci.ch2;
```

```
    ci.ins.b=ci.ins.a-ci.ch1;
    printf("%d,%c\n",ci.ins.a,ci.ins.b);
}
```

【解析】

上述程序首先定义了一个结构体类型 struct stri_type，接着在 main 函数中定义了一个结构体变量 ci，如图 7.2（a）所示。执行 "ci.ch1='a'; ci.ch2='A';" 语句后，结构体变量 ci 如图 7.2（b）所示。执行 "ci.ins.a=ci.ch1+ci.ch2; ci.ins.b=ci.ins.a-ci.ch1;" 语句后，结构体变量 ci 如图 7.2（c）所示。故程序的运行结果为 "162,A"。

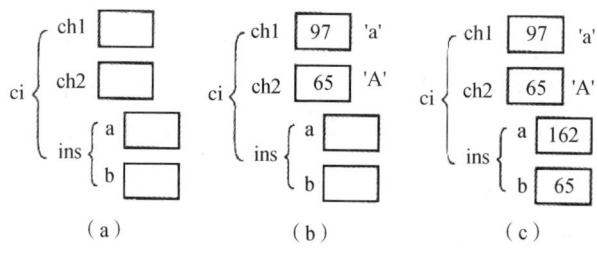

图 7.2　结构体变量 ci 的变化示意图

15. 阅读程序，给出程序的运行结果。

```
#include <stdio.h>
void main()
{
    struct data
    {
    int m;
    int n;
    union
    {
    int y;
       int z;
    }da;
    };
    struct data out;
    out.m=3;
    out.n=6;
    out.da.y=out.m+out.n;
    out.da.z=out.m-out.n;
    printf("%5d%5d\n",out.da.y,out.da.z);
}
```

【解析】

上述程序首先定义了一个结构体类型 struct data，接着定义了一个结构体变量 out，如图 7.3（a）所示。执行 "out.m=3; out.n=6; out.da.y=out.m+out.n;" 语句后，结构体变量 out 如图 7.3（b）所示。执行 "out.da.z=out.m-out.n;" 语句后，结构体变量 out 如图 7.3（c）所示。故程序的运行结果为 "   -3   -3"。

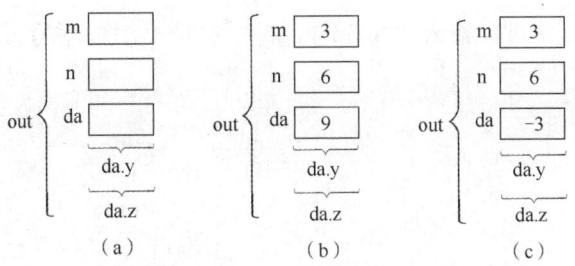

图 7.3 结构体变量 out 的变化示意图

16. 阅读程序，给出程序的运行结果。

```c
#include <stdio.h>
union out
{
  int a[2];
  struct
  {
     int b;
     int c;
  }in;
  int d;
};
void main()
{
  union out e;
  int i;
  e.in.b=1;
  e.in.c=2;
  e.d=3;
  for(i=0;i<2;i++)
     printf("%5d",e.a[i]);
  printf("\n");
}
```

【解析】

上述程序首先定义了一个共用体类型 union out，接着在 main 函数中定义了一个 union out 类型的变量 e，如图 7.4（a）所示。执行 "e.in.b=1; e.in.c=2;" 语句后，共用体变量 e 如图 7.4（b）所示。执行 "e.d=3;" 语句后，共用体变量 e 如图 7.4（c）所示。故程序的运行结果为 "   3   2"。

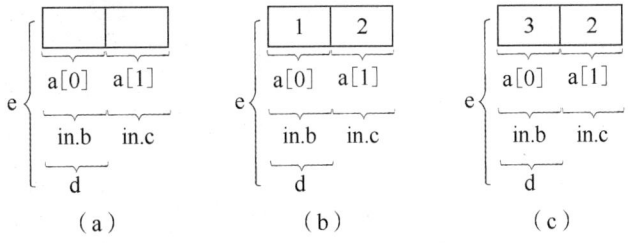

图 7.4 共用体变量 e 的变化示意图

17. 阅读程序，若由键盘输入"20 30 40 50✓"，请给出程序的运行结果。

```c
#include <stdio.h>
struct data
{
    int d1;
    int d2;
};
void main()
{
    struct data a[2]={{2,3},{5,6}};
    int i,sum=10;
    for(i=0;i<2;i++)
    {
        scanf("%d%d",&a[i].d1,&a[i].d2);
        sum=a[i].d1+a[i].d2+sum;
    }
    printf("sum=%d \n",sum);
}
```

【解析】

上述程序首先定义了一个结构体类型 struct data，接着在 main 函数中定义并初始化了一个结构体数组 a，如图 7.5（a）所示。在 for 循环语句中为 a[0].d1 和 a[0].d2 读入数据 20 和 30 后，结构体数组 a 如图 7.5（b）所示。在 for 循环语句中为 a[1].d1 和 a[1].d2 读入数据 40 和 50 后，结构体数组 a 如图 7.5（c）所示。故程序的运行结果为"sum=150"。

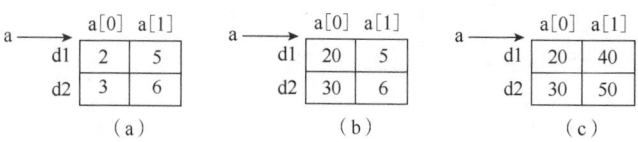

图 7.5　结构体数组 a 的变化示意图

18. 阅读程序，给出程序的运行结果。

```c
#include<stdio.h>
#include<string.h>
struct STU
{
    char name[10];
    int num;
};
void f(char *name,int num)
{
    struct STU s[2]={{"SunDan",20103},{"PengHua",20104}};
    num=s[0].num;
    strcpy(name,s[0].name);
}
void main()
{
    struct STU s[2]={{"YangSan",20101},{"LiGuo",20102}},*p;
```

```
        p=&s[1];
        f(p->name,p->num);
        printf("%s %d\n",p->name,p->num);
}
```

【解析】

在上述程序中，f 函数包含两个参数：形参指针变量 name 和形参 num。由于传给形参指针变量 name 的实参是一个变量的地址，因此形参指针变量 name 和其对应的实参都指向同一个变量，修改形参指针变量 name 指向的变量的值时，其对应的实参指向的变量的值也会被修改（它们本身就是同一个被指向的变量）。由于传给形参 num 的是实参变量的值，此后形参 num 和实参变量之间就再无关系了，因此形参 num 值的任何变化都不会影响对应的实参变量。main 函数调用被调函数 f 后，形参指针变量 name 指向的是 main 函数中定义的 s[1].name，而被调函数 f 中的 "strcpy(name,s[0].name);" 将被调函数 f 中定义的 s[0].name 的值赋给了形参指针变量 name 指向的 main 函数中的 s[1].name。对形参 num 来说，它在被调函数 f 中的任何变化都不会影响主调函数，即 main 函数中的 p->num 仍是 main 函数中 s[1].num 的值。故程序的运行结果为 "SunDan 20102"。

19. 阅读程序，给出程序的运行结果。

```
#include<stdio.h>
struct STU
{
        char name[10];
        int num;
        float score;
};
void f(struct STU *p)
{
        struct STU s[2]={{"SunDan",20103,550},{"PengHua",20104,537}},*q=s;
        ++p;
        ++q;
        *p=*q;
}
void main()
{
        struct STU s[3]={{"YangSan",20101,703},{"LiGuo",20102,580}};
        f(s);
        printf("%s %d %3.0f\n",s[1].name,s[1].num,s[1].score);
}
```

【解析】

在上述程序的 main 函数中，首先定义了一个结构体数组 s，然后调用 f 函数，将结构体数组名 s 传给形参指针变量 p（即 p 指向 main 函数中的结构体数组元素 s[0]）。在 f 函数中，同样定义了一个结构体数组 s（与 main 函数中的数组 s 同名），以及一个结构体指针变量 q，并使其指向 f 函数中的结构体数组 s（即指向 s[0]）。随后，"++p;++q;" 语句使 p 指向 main 函数中的 s[1]，q 指向 f 函数中的 s[1]；"*p=*q;"语句将 f 函数中的 s[1] 赋给了 main 函数中的 s[1]。故程序的运行结果为"PengHua 20104 537"。

20. 阅读程序，给出程序的运行结果。

```c
#include<stdio.h>
struct STU
{
    char name[10];
    int num;
};
void f1(struct STU c)
{
    struct STU b={"LiGuo",20102};
    c=b;
}
void f2(struct STU *c)
{
    struct STU b={"SunDan",20104};
    *c=b;
}
void main()
{
    struct STU a={"YangSan",20101},b={"WangYin",20103};
    f1(a);
    f2(&b);
    printf("%d %d\n",a.num,b.num);
}
```

【解析】

上述程序首先定义了一个结构体类型 struct STU，其包含一个字符数组 name 和一个整型变量 num；然后定义了 f1 和 f2 两个函数，其中，f1 函数的参数传递方式是值传递，f2 函数的参数传递方式是地址传递。在 main 函数中，定义并初始化了 a 和 b 两个结构体变量，在调用 f1(a)时，由于 f1 函数的参数传递方式是值传递，因此该函数执行结束后，a 的值并没有发生变化。下面继续调用 f2(&b)，由于 f2 函数的参数传递方式是地址传递，因此结构体变量 b 的值变为新赋的"{"SunDan",20104}"的值。故程序的运行结果为"20101 20104"。

21. 阅读程序，给出程序的运行结果。

```c
#include<stdio.h>
struct STU
{
    char name[10];
    int num;
    int score;
};
void main()
{
```

```
struct STU s[5]={{"YangSan",20101,703},{"LiGuo",20102,580},
                {"WangYin",20103,680},{"SunDan",20104,550},
                {"PengHua",20105,537}},*p[5],*t;
int i,j;
for(i=0;i<5;i++)
    p[i]=&s[i];
for(i=0;i<4;i++)
    for(j=i+1;j<5;j++)
        if(p[i]->score>p[j]->score)
        {
            t=p[i]; p[i]=p[j]; p[j]=t;
        }
printf("%d %d\n",s[1].score,p[1]->score);
}
```

【解析】

上述程序首先定义了一个结构体类型 struct STU，该结构体由一个长度为 10 的字符数组 name、一个整型变量 num，以及一个整形变量 score 组成。在 main 函数中，定义了一个长度为 5 的结构体数组 s 并对其赋初值，同时定义了一个指针数组 p 和一个指针变量 t。接下来将结构体数组 s 中各数组元素的地址依次赋给指针数组 p 中的 p[0]～p[4]。此后，通过两个 for 循环，比较指针数组 p 中各数组元素所指的结构体变量中的成员 score 值，并以此调整该数组中各数组元素的指向，调整后，p[0]～p[4] 是按结构体数组 s 中的成员 score 值由小到大的顺序分别指向数组 s 中的各数组元素的。因此，最终 s[1].score 的值没有发生变化（仍是 580），p[1] 则按 score 值由小到大的顺序指向 s[3]，即 p[1]->score 等价于 s[3].score（其值为 550）。故程序的运行结果为"580 550"。

22. 阅读程序，给出程序的运行结果。

```
#include<stdio.h>
struct NODE
{
    int num;
    struct NODE *next;
};
void main()
{
    struct NODE s[3]={{1,'\0'},{2,'\0'},{3,'\0'}},*p,*q,*r;
    int sum=0;
    s[0].next=s+1;
    s[1].next=s+2;
    s[2].next=s;
    p=s;
    q=p->next;
    r=q->next;
    sum+=q->next->num;
    sum+=r->next->next->num;
    printf("%d\n",sum);
}
```

【解析】

在上述程序的 main 函数中，首先定义了一个长度为 3 的结构体数组 s，并分别将 s[0]、s[1]和 s[2]的成员 num 初始化为 1、2 和 3，将成员 next 初始化为'\0'（即 NULL），如图 7.6（a）所示，图中用"∧"代表"NULL"。接着通过"s[0].next=s+1;s[1].next=s+2;s[2].next=s;"语句来构造一个单向循环链表。随后，"p=s;"语句使 p 指向 s[0]；"q=p->next;"语句使 q 指向 s[1]；"r=q->next;"语句使 r 指向 s[2]，如图 7.6（b）所示。接下来，执行"sum+=q->next->num;"语句，由于 q 指向 s[1]，因此它的 next 指针指向 s[2]，第一次累加得到 sum=0+3=3。最后，执行"sum+=r->next->next->num;"语句，由于 r 指向 s[2]，因此它的 next 指针指向 s[0]，而 s[0]的 next 指针指向 s[1]，第二次累加得到 sum=3+2=5。故程序的运行结果为"5"。

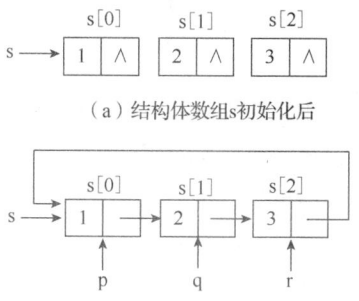

（a）结构体数组s初始化后

（b）执行"sum+=q–>next –>num;"语句前

图 7.6　结构体数组 s 的变化示意图

23. 用结构体记录一个班级的学生成绩，结构体成员包括学生姓名、三门课的成绩和总成绩。用程序实现输入全班每名学生的信息及三门课的成绩，同时计算总成绩并根据总成绩由高到低进行排序，最后输出排好序的学生信息及三门课的成绩清单。

【参考程序】

```c
#include<stdio.h>
struct student
{
    char name[10];
    int score[3];
    int sum;
}stu[50];
void sort(struct student st[],int n)
{
    int i,j,k;
    struct student t;
    for(i=0;i<n-1;i++)                        //按总成绩由高到低进行排序
    {
        k=i;
        for(j=i+1;j<n;j++)
            if(st[k].sum<st[j].sum)
                k=j;
        if(k!=j)
```

```
        {
            t=st[i];
            st[i]=st[k];
            st[k]=t;
        }
    }
}
void main()
{
    int i,j,n,s;
    printf("Input number of students:");        //输入学生人数
    scanf("%d",&n);
    for(i=0;i<n;i++)                             //输入每名学生的相关数据
    {
        printf("Input data of student %d:\n",i+1);
        printf("Input name:");
        scanf("%s",stu[i].name);
        printf("Input score1  score2  score3: ");
        s=0;
        for(j=0;j<3;j++)                         //输入学生三门课的成绩
        {
            scanf("%d",&stu[i].score[j]);
            s+=stu[i].score[j];
        }
        stu[i].sum=s;
    }
    sort(stu,n);
    for(i=0;i<n;i++)
        printf("%-10s,%d,%d,%d,    %d\n",stu[i].name,stu[i].score[0],
                stu[i].score[1],stu[i].score[2],stu[i].sum);
}
```

24. 定义一个结构体数组用来存放 12 个月的信息，每个数组元素由 3 个成员组成：月份的数字表示、月份的英文单词及该月的总天数。编写一个输出一年 12 个月信息的程序。

【参考程序】

```
#include<stdio.h>
void main()
{
    struct
    {
        int m;
        char mm[10];
        int d;
    }x[12]={{1,"JANUARY",31},{2,"FEBRUARY",28},{3,"MARCH",31},
    {4,"APRIL",30},{5,"MAY",31},{6,"JUNE",30},{7,"JULY",31},{8,"AUGUST",31},
    {9,"SEPTEMEER",30},{10,"OCTOBER",31},{11,"NOVEMEER",30},{12,"DECEMBER",31}};
    int i;
    for(i=0;i<12;i++)
    {
```

```
        printf("%2d %-10s%4d",x[i].m,x[i].mm,x[i].d);
        if(i==1)
            printf(" or 29\n");
        else
            printf("\n");
    }
}
```

25. 学生借书证上的信息包括姓名、班级、最大借阅数量、已借图书数量及所借书号（见图 7.7）。现设计一个完成借阅图书的程序，要求在学生借书时先判断是否已达到最大借阅数量，若达到，则拒绝借阅；否则显示借出的书号，同时修改借书证上的已借图书数量（此程序不考虑还书及注销书号过程）。

姓名		班级	
最大借阅数量		已借图书数量	
书号1			
书号2			
⋮		⋮	
书号n			

图 7.7　学生借书证

编程提示： 借书时首先要检查姓名和班级是否相匹配，只有在二者相匹配的情况下，才能继续检查借阅图书是否达到最大借阅数量（student[i].borrowed<student[i].maxbook-1）。若没有达到最大借阅数量，则借出图书并将已借书号登录到 borrow 数组中，同时将已借图书数量（borrowed）值增 1。

【参考程序】

```c
#include<stdio.h>
#include<string.h>
struct book
{
    char name[10];              //姓名
    int class1;                 //班级
    int borrowed;               //已借图书数量
    int maxbook;                //允许的最大借阅数量
    int borrow[10];             //存储已借书号
};
void main()
{
    struct book student[50];
    int i,j,b,n;
    char ch,name1[10];
    printf("Enter students number:");
    scanf("%d",&n);
```

```
        for(i=0;i<n;i++)
        {
            printf("Enter name of student %d: ",i+1);
            scanf("%s",student[i].name);
            printf("Enter class,maxbook(<=10) of student %d: ",i+1);
            scanf("%d,%d",&student[i].class1,&student[i].maxbook);
            student[i].borrowed=0;
            for(j=0;j<student[i].maxbook;j++)
                student[i].borrow[j]=0;
        }
        getchar();
        printf("Are you borrow? y/n: ");
        scanf("%c",&ch);
        while(ch=='y'||ch=='Y')
        {
            b=0;
            printf("Enter name: ");
            scanf("%s",name1);
            printf("Enter class: ");
            scanf("%d",&j);
            for(i=0;i<n;i++)
            {
                if(strcmp(name1,student[i].name)==0&&j==student[i].class1)    //身份验证
                {
                    b=1;
                    if(student[i].borrowed<student[i].maxbook-1)           //是否在借阅范围内
                    {
                        printf("Enter order of book: ");
                        scanf("%d",&j);
                        student[i].borrow[student[i].borrowed]=j;          //登记借阅的书号
                        student[i].borrowed++;
                    }
                    else
                        printf("Can't borrow,%s.\n",student[i].name);
                }
            }
            if(!b) printf("Enter information error!\n");
            getchar();
            printf("Are you borrow again? y/n: ");
            scanf("%c",&ch);
        }
}
```

26. 编写程序计算链表的长度，若链表为空，则返回 0 值。

【参考程序】

```
#include<stdio.h>
#include<stdlib.h>
struct node
{
    int data;
```

```
        struct node *next;
};
void main()
{
    struct node *head,*p;
    int x,n;
    printf("Creat list and input data(input -1 exit):\n");
    head=NULL;
    scanf("%d",&x);
    while(x!=-1)                          //生成一个链表
    {
        p=(struct node *)malloc(sizeof(struct node));
        p->data=x;
        p->next=head;
        head=p;
        scanf("%d",&x);
    }
    n=0;
    p=head;
    while(p!=NULL)
    {
        n++;
        p=p->next;
    }
    printf("Length of list = %d\n",n);
}
```

27. 编写可将两个已知的有序链表合并成一个有序链表的程序。

【参考程序】

```
#include<stdio.h>
#include<stdlib.h>
struct node
{
    int data;
    struct node *next;
};
struct node *creatl(int a[],int n)                        //生成一个链表
{
    struct node *head,*tail,*s;
    int i;
    head=(struct node *)malloc(sizeof(struct node));      //生成第一个节点
    head->data=a[0];
    head->next=NULL;
    tail=head;
    for(i=1;i<n;i++)                                      //生成其他节点
    {
        s=(struct node *)malloc(sizeof(struct node));
        s->data=a[i];
        s->next=NULL;
        tail->next=s;
```

```
            tail=s;
        }
        return head;
}
struct node *combine(struct node *p,struct node *q)
{                                    //将两个链表合并成一个链表
        struct node *h,*t;
        if(p->data<=q->data)         //生成第一个节点
        {
            h=p;t=p;p=p->next;
        }
        else                         //生成其他节点
        {
            h=q;t=q;q=q->next;
        }
        while(p!=NULL&&q!=NULL)       //将两个有序链表合并成一个有序链表
            if(p->data<=q->data)
            {
             t->next=p;t=p;p=p->next;
            }
          else
            {
                t->next=q;t=q;q=q->next;
            }
        if(p==NULL)
            t->next=q;
        else
            t->next=p;
        return h;
}
void print(struct node *p)
{
        while(p!=NULL)
        {
            printf("%d,",p->data);
            p=p->next;
        }
        printf("\n");
}
void main()
{
        int a[10]={1,3,5,7,9,12,18,20,25,30},
            b[6]={4,6,10,12,14,23};
        struct node *head,*head1,*head2;
        printf("Creat list A:\n");
        head1=creatl(a,10);
        printf("Creat list B:\n");
        head2=creatl(b,6);
        printf("Output list A:\n");
        print(head1);
```

```
        printf("Output list B:\n");
        print(head2);
        printf("Combine list A and list B:\n");
        head=combine(head1,head2);
        printf("Output list after combine list A and list B:\n");
        print(head);
    }
```

28. 编写一个可实现从无序的整数链表中找出值最小的节点，然后将它从链表中删除的功能的程序。

【参考程序】

```
#include<stdio.h>
#include<stdlib.h>
struct node
{
    int data;
    struct node *next;
};
void print(struct node *p)
{
    while(p!=NULL)
    {
        printf("%d,",p->data);
        p=p->next;
    }
    printf("\n");
}
void main()
{
    struct node *head,*p,*q;
    int x,min=32767;
    printf("Creat list and input data(input -1 exit):\n");
    head=NULL;
    scanf("%d",&x);
    while(x!=-1)
    {
        p=(struct node *)malloc(sizeof(struct node));
        p->data=x;
        p->next=head;
        head=p;
        scanf("%d",&x);
    }
    printf("Input list:\n");
    print(head);
    p=head;
    q=p;
    while(p!=NULL)                    //查找最小值节点并用指针 q 指向它
    {
        if(p->data<min)
```

```
        {
                q=p;
                min=p->data;
        }
                p=p->next;
        }
        if(q==head)                     //最小值为第一个节点时的删除
            head=head->next;
        else                            //最小值为其他节点时的删除
        {
            p=head;
            while(p->next!=q)
                p=p->next;
            p->next=q->next;
        }
        free(q);
        printf("Min= %d\n",min);
        printf("After delete:\n");
        print(head);
}
```

29. 先任意生成一个整型数据链表（若输入-1，则链表结束），然后根据链表节点的数据成员值的大小，按由小到大的顺序对链表节点进行排序，形成一个升序链表。

编程提示： 在程序中先生成一个链表，然后采用冒泡法对链表进行排序。即用指针变量 q 和指针变量 p 顺序指向相邻的两个链表节点，比较这两个链表节点的数据成员 data 的大小，当 p->data 小于 q->data 时，交换二者的值（这相当于交换了*q 和*p 这两个链表节点，不过这种交换并不需要移动链表节点的指针）。链表的每一趟扫描总是使数据成员值大的链表节点往链尾移动（确切地说，是移动链表节点中数据成员的数据）。这样当某趟扫描中没有链表节点移动时（即 b 等于 0 时），链表排序就完成了。

【参考程序】

```
#include<stdio.h>
#include<stdlib.h>
struct node
{
    int data;
    struct node *next;
};
void print(struct node *p);
void main()
{
    struct node *head,*p,*q;
    int b,t,x;
    printf("Create list:\n");
    head=NULL;
    scanf("%d",&x);
    while(x!=-1)                         /*生成一个链表*/
    {
```

```
            p=(struct node *)malloc(sizeof(struct node));
            p->data=x;
            p->next=head;
            head=p;
            scanf("%d",&x);
        }
        printf("Output list\n");
        print(head);
        b=1;
        while(b)                             /*冒泡法排序*/
        {
            b=0;
            p=head;
            while(p->next!=NULL)
            {
                q=p;
                p=p->next;
                if(p->data<q->data)
                {
                    t=p->data;
                    p->data=q->data;
                    q->data=t;
                    b=1;
                }
            }
        }
        printf("Output after order:\n");
        print(head);
}
void print(struct node *p)                   /*输出函数*/
{
        while(p!=NULL)
        {
            printf("%4d",p->data);
            p=p->next;
        }
        printf("\n");
}
```

注意：以上程序采用的是链首插入新链表节点的方法，它不同于前面介绍的链尾插入新链表节点的方法。由语句"p->next=head;"和语句"head=p;"可知，新的链表节点总是在链首被插入，即最先产生的链表节点是链尾节点，越靠后产生的链表节点越接近链首，最后产生的链表节点是表头节点。因此，最后由链首顺序查找链表节点所输出的数据正好与建立链表时输入的数据相反。

第 8 章

文件习题解析

1. 下面关于 C 语言中文件的叙述错误的是_____。

A. C 语言中的文本文件以 ASCII 码形式存储数据

B. 在 C 语言中对二进制文件的访问速度比文本文件快

C. 语句"FILE fp;"定义了一个名为 fp 的文件指针变量

D. C 语言中的随机文件以二进制代码形式存储数据

【解析】

定义文件指针变量的一般形式为"FILE *指针变量名;"，因此选项 C 是错误的，本题应选 C。

2. 下面叙述中正确的是_____。

A. 由于 C 语言中的文件是流式文件，因此只能顺序存取数据

B. 打开一个已存在的文件并进行写操作后，原有文件中的全部数据必定被覆盖

C. 在一个程序中对文件进行写操作后，必须先关闭该文件，再打开该文件，才能读到文件中的第一个数据

D. 当对文件的读（写）操作完成后，必须将该文件关闭，否则可能导致数据丢失

【解析】

在 C 语言的文件操作中，可以用 fseek 函数实现随机存取数据，因此选项 A 是错误的。在打开一个已存在的文件时，若指定的打开方式中有"a"，则进行写操作时会将写入的数据追加到文件的尾部，且不会覆盖原有文件中的数据，因此选项 B 是错误的。当对文件进行写操作后，可以通过定位到文件首的 rewind 函数将文件的读/写指针定位到文件的开头处，无须先关闭文件，再打开文件，就可以读到文件中的第一个数据，因此选项 C 是错误的。综上，本题应选 D。

3. 若执行 fopen 函数时出现错误，则函数的返回值是_____。

A. 地址值   B. 0   C. 1   D. EOF

【解析】

在使用 fopen 函数打开文件时，若出现错误，则 fopen 函数将返回 NULL。因为 NULL 和转义字符'\0'的 ASCII 码值都是 0，故本题应选 B（选项 D 中的 EOF 为文件结束标志）。

4. 在 fopen 函数中使用"a+"方式打开一个已经存在的文件，则下面叙述中正确的是_____。

A. 当文件打开时，原有文件的内容并不会被删除，文件读/写指针移到文件尾部，可进行追加数据或读操作

B. 当文件打开时，原有文件的内容并不会被删除，文件读/写指针移到文件首部，可进行重写数据或读操作

C. 当文件打开时，原有文件的内容被删除，只可进行写操作

D. A、B、C 都不正确

【解析】

在使用 fopen 函数打开文件时，若使用的是"a+"方式，则所打开的文件的内容并不会被删除。写操作是将文件的读/写指针移到文件尾部后进行的；读操作是将文件的读/写指针定位于文件首部后进行的。因此，选项 A、B、C 都是错误的，本题应选 D。

5. 若要用 fopen 函数打开一个新的，既能读、又能写的二进制文件，则打开文件的方式应为_____。

A. "ab+"　　　　B. "wb+"　　　　C. "rb+"　　　　D. "ab"

【解析】

"ab+"以读/写方式打开一个二进制文件，允许读或在文件末尾追加写数据；"wb+"以读/写方式打开或创建一个二进制文件，允许读和写；"rb+"以读/写方式打开一个二进制文件，允许读和写；"ab"以追加方式打开一个二进制文件，允许在文件末尾追加写数据。综上，本题应选 B。

6. fgetc 函数的作用是从指定文件中读出一个字符，则该文件的打开方式必须是_____。

A. 只写　　　　B. 追加　　　　C. 读或读/写　　　　D. B 和 C

【解析】

在 fgetc 函数的调用中，被读取字符数据的文件必须是以读或读/写方式打开的，故本题应选 C。

7. 下面叙述中错误的是_____。

A. gets 函数用于从键盘上读入字符串

B. getchar 函数用于从外存文件中读入字符

C. fputs 函数用于将字符串输出到文件中

D. fwrite 函数用于将二进制形式的数据写入文件中

【解析】

通过键盘输入数据的函数有 scanf、getchar 和 gets；将数据输出到显示器上的函数有 printf、putchar 和 puts；从外存文件中输入（读）数据的函数有 fscanf、fgetc、fgets 和 fread；将数据输出（写）到外存文件中的函数有 fprintf、fputc、fputs 和 fwrite。因此，本题应选 B。

8. 读取二进制文件的函数调用形式为 "fread(buffer,size,count,fp);"，其中，"buffer" 代表的是_____。
  A. 一个文件指针变量，指向待读取的文件
  B. 一个整型变量，代表待读取数据的字节数
  C. 一个内存块的首地址，代表读入数据存放的地址
  D. 一个内存块的字节数

【解析】

调用 fread 函数的一般形式为 "fread(buffer,size,count,fp);"。其中，buffer 是一个内存块的首地址，代表读入数据存放的地址；size 代表读入数据块的字节数；count 代表有多少个数据块（即块数）；fp 代表文件指针。因此，本题应选 C。

9. 函数调用语句 "fseek(fp,–20L,2);" 的作用是_____。
  A. 将文件读/写指针移到距离文件头 20 字节处
  B. 将文件读/写指针由当前位置向后移动 20 字节
  C. 将文件读/写指针由文件尾部向前移动 20 字节
  D. 将文件读/写指针移到当前位置之前的 20 字节处

【解析】

调用 fseek 函数的一般形式为 "fseek(文件指针变量,位移量,起始位置);"。其中，位移量表示读/写指针需要移动的字节数（该值大于 0 表示新的读/写位置在起始位置的后面，该值小于 0 表示新的读/写位置在起始位置的前面）；起始位置表示从何处开始计算位移量（规定的起始位置有文件首、当前位置和文件尾 3 种，可分别用 0、1 和 2 表示），故本题应选 C。

10. 下面与函数 fseek(fp,0L,SEEK_SET) 有相同作用的是_____。
  A. feof(fp)   B. ftell(fp)   C. fgetc(fp)   D. rewind(fp)

【解析】

函数 fseek(fp,0L,SEEK_SET) 的作用是将文件的读/写指针定位到文件开始处。函数 feof(p) 的作用是判断文件的读/写指针是否已到达文件尾部，因此选项 A 是错误的。函数 ftell(fp) 的作用是获取文件当前读/写指针的位置，因此选项 B 是错误的。函数 fgetc(fp) 的作用是从文件当前读/写指针位置处读取一字节数据，因此选项 C 是错误的。函数 rewind(fp) 的作用是将文件的读/写指针重新定位到文件开始处，因此选项 D 是正确的。综上，本题应选 D。

11. 在 C 语言程序中，可以把整型数以二进制形式写入文件中的函数是_____。

A. fprintf   B. fread   C. fwrite   D. fputc

【解析】

    fprintf 函数是按格式控制字符串指定的格式将数据写入磁盘文件的，由于可自行指定写入的格式，因此写入磁盘文件的数据的格式可能与原来在内存中存放的格式不同，选项 A 是错误的。fread 函数是从磁盘文件中读出一组数据，不符合题意，因此选项 B 是错误的。fwrite 函数是将一组数据写入磁盘文件，且写入的格式与数据在内存中存放的格式完全相同，因此选项 C 是正确的。fputc 函数是把一个字符数据写到磁盘文件当前的读/写指针位置，写入的数据不是二进制形式，因此选项 D 是错误的。综上，本题应选 C。

12. 若 fp 是指向某文件的指针变量，且已读到文件的末尾，则函数 feof(fp) 的返回值是_____。

A. EOF   B. −1   C. 非零值   D. NULL

【解析】

    在 C 语言文件中，EOF（即−1）是文件尾的标志，函数 feof(fp)用于判断文件的读/写指针是否到达文件尾，若是，则返回真（即非零值），否则返回假（即零值）。NULL 值为 0，表示指针变量不指向任何变量。综上，选项 A、B、D 可被排除，本题应选 C。

13. 下面的程序的功能是用变量 count 统计文件中字符的个数，请填空。

```
#include<stdio.h>
#include<stdlib.h>
void main()
{
    FILE *fp;
    int count=0,i;
    fp=fopen("letter.dat","w");
    for(i=0;i<10;i++)
        fputc(i,fp);
    fclose(fp);
    if((fp=fopen("letter.dat","   (1)   "))==NULL)
    {
        printf("Can't open file!\n");
        exit(0);
    }
    while(!feof(fp))
    {
        (2)  ;
        (3)  ;
    }
    printf("count=%d\n",count);
    fclose(fp);
}
```

【解析】

　　因为要统计文件中字符的个数，所以应该用"r"方式打开文件，故第（1）空应填"r"。在 main 函数中，while 语句判断循环结束的表达式"!feof(fp)"表示当文件的读/写指针未到达文件尾时，继续循环，因此第（2）空应实现每循环一次，就读出一个字符的功能。这样不但能使文件的读/写指针循环向后移动一个字符位置（直到其到达文件尾），而且便于统计文件中字符的个数，故第（2）空应填"fgetc(fp)"。相应地，第（3）空应填"count++"或"count=count+1"，以统计文件中字符的个数。

　　14. 阅读程序，给出程序的运行结果。

```c
#include<stdio.h>
void main()
{
    FILE *fp;
    int i;
    char ch[]="abcd",t;
    fp=fopen("abc.dat","wb+");
    for(i=0;i<4;i++)
        fwrite(&ch[i],1,1,fp);
    fseek(fp,-2L,SEEK_END);
    fread(&t,1,1,fp);
    fclose(fp);
    printf("%c\n",t);
}
```

【解析】

　　上述程序首先使用"wb+"方式新建一个文件"abc.dat"，然后使用一个 for 循环（循环变量 i 从 0 递增到 3），在循环体中每次将 ch[i]值写入文件 abc.dat 的当前读/写指针位置，字符数组 ch 的存储状况如图 8.1（a）所示。for 循环结束后，abc.dat 文件如图 8.1（b）所示。接下来，执行语句"fseek(fp,–2L,SEEK_END);"，使文件的读/写指针顺序前移 2 个字符位置，此时 abc.dat 文件如图 8.1（c）所示，即定位于字符'c'处。最后调用的 fread 函数，将字符'c'读到字符变量 t 中。故程序的运行结果为"c"。

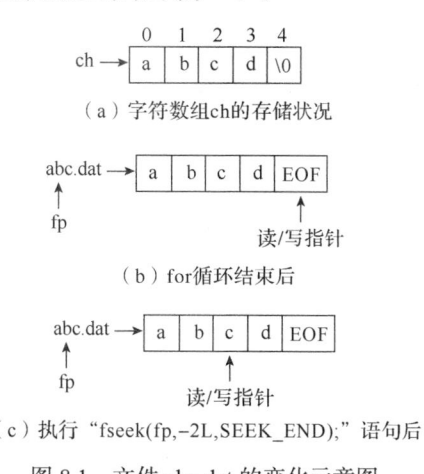

（a）字符数组ch的存储状况

（b）for循环结束后

（c）执行"fseek(fp,–2L,SEEK_END);"语句后

图 8.1　文件 abc.dat 的变化示意图

15. 阅读程序，给出程序运行后文件 test.txt 中的内容。

```c
#include<stdio.h>
#include<stdlib.h>
void main()
{
    FILE *fp;
    char *s1="Fortran",*s2="Basic";
    if((fp=fopen("test.txt","wb"))==NULL)
    {
        printf("Can't open test.txt!\n");
        exit(1);
    }
    fwrite(s1,7,1,fp);
    fseek(fp,0L,SEEK_SET);
    fwrite(s2,5,1,fp);
    fclose(fp);
}
```

【解析】

上述程序首先使指针变量 s1 指向字符串"Fortran"，指针变量 s2 指向字符串"Basic"，如图 8.2（a）所示。然后以二进制写方式打开文件 test.txt，并将 s1 所指字符串的前 7 个字符写入文件 test.txt 中，如图 8.2（b）所示。接下来使用"fseek(fp,0L,SEEK_SET);"语句，将文件的读/写指针定位到文件 test.txt 的开始处，如图 8.2（c）所示。最后将 s2 所指字符串的前 5 个字符写入文件 test.txt 中，如图 8.2（d）所示。故程序运行后文件 test.txt 中的内容为"Basican"。

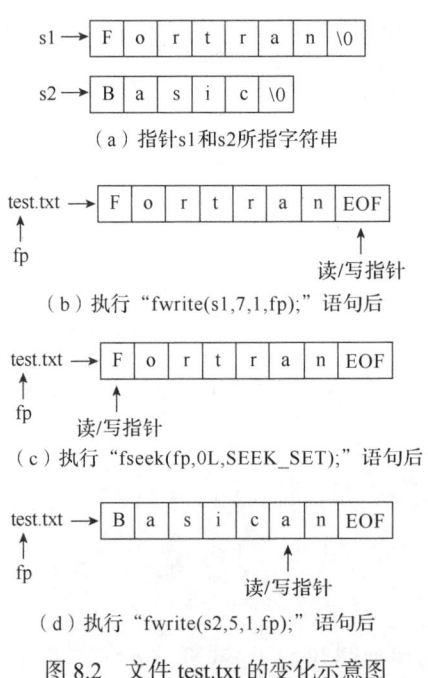

（a）指针s1和s2所指字符串

（b）执行"fwrite(s1,7,1,fp);"语句后

（c）执行"fseek(fp,0L,SEEK_SET);"语句后

（d）执行"fwrite(s2,5,1,fp);"语句后

图 8.2　文件 test.txt 的变化示意图

16. 阅读程序，给出程序的运行结果。

```
#include<stdio.h>
void main()
{
    FILE *fp;
    int a[10]={1,2,3},i,n;
    fp=fopen("d1.dat","w");
    for(i=0;i<3;i++)
        fprintf(fp,"%d",a[i]);
    fprintf(fp,"\n");
    fclose(fp);
    fp=fopen("d1.dat","r");
    fscanf(fp,"%d",&n);
    fclose(fp);
    printf("%d\n",n);
}
```

【解析】

上述程序定义的整型数组a的存储状况如图8.3（a）所示，首先以写方式打开文件d1.dat，并通过 for 循环将数组 a 中的前 3 个数写到文件 d1.dat 中，如图 8.3（b）所示。然后通过"fprintf(fp,"\n");"语句给文件 d1.dat 写入一个换行符，如图 8.3（c）所示。接下来通过 fclose 函数关闭文件 d1.dat，通过 fopen 函数以读方式打开文件 d1.dat，通过"fscanf(fp,"%d",&n);"语句以十进制整数方式读取一个整数，如同由键盘读入一样，只有当遇到空格符或换行符时，才完成一个整数的读出，即将文件 d1.dat 中的"123"读给了变量 n。故程序的运行结果为"123"，如图 8.3（d）所示。

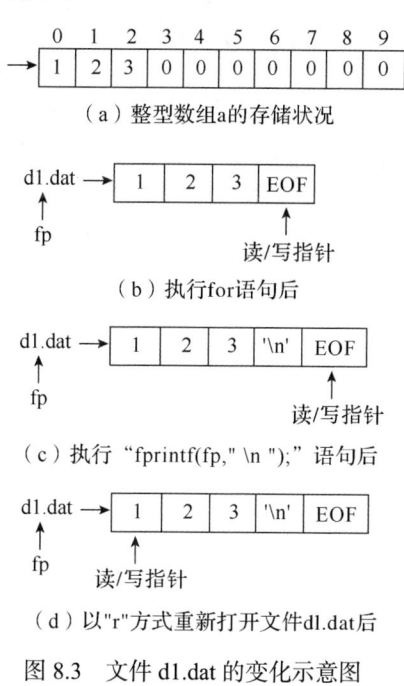

图 8.3　文件 d1.dat 的变化示意图

17. 有如下程序，若文本文件 f1.txt 中原内容为"good"，则程序运行后文件 f1.txt 中的内容为_____。

```
#include<stdio.h>
void main()
{
    FILE *fp1;
    fp1=fopen("f1.txt","w");
    fprintf(fp1,"abc");
    fclose(fp1);
}
```

A. goodabc   B. abcd   C. abc   D. abcgood

【解析】

main 函数首先以写方式打开文件 f1.txt，然后通过 fprintf 函数将字符串"abc"写到文件 f1.txt 中。注意，这种写入将覆盖该文件中的原有内容"good"，因此此时文件 f1.txt 中的内容为"abc"，本题应选 C。

18. 下面程序的功能是以二进制写方式打开文件 d1.dat，写入 1～100 这 100 个整数后关闭文件，再以二进制读方式打开文件 d1.dat，将这 100 个整数读入另一个数组 b 中，并打印输出。请填空。

```
#include<stdio.h>
void main()
{
    FILE *fp;
    int i,a[100],b[100];
    fp=fopen("d1.dat", __(1)__ );
    for(i=0;i<100;i++)
        a[i]=i+1;
    fwrite(a,sizeof(int),100,fp);
    fclose(fp);
    fp=fopen("d1.dat", __(2)__ );
    fread(b,sizeof(int),100,fp);
    fclose(fp);
    for(i=0;i<100;i++)
        printf("%d\n",b[i]);
}
```

【解析】

本题要求以二进制写方式打开文件 d1.dat，故第（1）空应填""wb""。关闭文件后，要求以二进制读方式打开文件 d1.dat，故第（2）空应填""rb""。

19. 编写一个程序，用 fputs 函数将 5 个字符串写入文件中。

【参考程序】

```
#include<stdio.h>
#include<stdlib.h>
void main()
```

```
{
    FILE *fp;
    char s[100];
    int n;
    if((fp=fopen("file.dat","w"))==NULL)
    {
        printf("Can't open file.dat!\n");
        exit(0);
    }
    for(n=0;n<5;n++)                              //循环5次
    {
        printf("Input  string %d:\n",n+1);
        gets(s);
        fputs(s,fp);                              //将1个字符串写入文件中
        fputc('\n',fp);
    }
    fclose(fp);
}
```

20. 编写一个程序，将整型数组中的所有数据写入一个文本文件中。

【参考程序】

```
#include<stdio.h>
#include<stdlib.h>
void main()
{
    FILE *fp;
    int i,a[10];
    if((fp=fopen("file1.dat","w"))==NULL)
    {
        printf("Can't open file1.dat!\n");
        exit(0);
    }
    printf("Input 10 datas :\n");
    for(i=0;i<10;i++)
    {
        scanf("%d",&a[i]);                        //给a[i]读入数据
        fprintf(fp,"%d ",a[i]);                   //将a[i]写入文件中
    }
    fclose(fp);
}
```

21. 新建一个文本文件，将由键盘输入的字符存放到名为 file.dat 的新文件中，以 "#" 作为输入结束的标志，并统计该文本文件中字符的个数，然后以 "#字符个数" 的形式写到该文件的最后。

【参考程序】

```
#include<stdio.h>
#include<stdlib.h>
void main()
```

```
{
    FILE *fp;
    char c;
    int n=0;
    if((fp=fopen("file.dat","w"))==NULL)
    {
        printf("Can't open file.dat!\n");
        exit(0);
    }
    printf("Input char(input '#' exit):\n");
    while((c=getchar())!='#')                    //判断变量 c 读入的字符是否为'#'
    {
        fputc(c,fp);                             //将变量 c 中的字符写入文件中
        n++;
    }
    fputc(c,fp);                                 //将变量 c 中的字符'#'写入文件中
    fprintf(fp,"%d",n);                          //将统计字符个数的 n 值写入文件中
    fclose(fp);
}
```

22. 有两个磁盘文件 file1.txt 和 file2.txt，它们各存放一行字母，要求按字母排列的顺序来合并这两个文件中的信息，将其写到新文件 file3.txt 中。

【参考程序】

```
#include<stdio.h>
#include<stdlib.h>
void main()
{
    FILE *fp;
    int i,j,m,n;
    char ch,t,c[100];
    if((fp=fopen("file1.dat","r"))==NULL)
    {
    printf("Can't open file1.dat!\n");
    exit(0);
    }
    printf("File1.dat:\n");
    for(i=0;(ch=fgetc(fp))!=EOF;i++)
    {                                            //将文件 file1.dat 的内容复制到数组 c 中
        c[i]=ch;
        putchar(c[i]);
    }
    printf("\n");
    fclose(fp);
    m=i;
    if((fp=fopen("file2.dat","r"))==NULL)
    {
        printf("Can't open file2.dat!\n");
        exit(0);
    }
```

```
        printf("File2.dat:\n");
        for(i=m;(ch=fgetc(fp))!=EOF;i++)
        {                                      //将文件 file2.dat 的内容复制到数组 c 中
            c[i]=ch;
            putchar(c[i]);
        }
        printf("\n");
        fclose(fp);
        n=i;
        for(i=0;i<n-1;i++)                     //对数组 c 进行排序
            for(j=i+1;j<n;j++)
                if(c[i]>c[j])
                {
                    t=c[i];
                    c[i]=c[j];
                    c[j]=t;
                }
        printf("File3.dat:\n");
        fp=fopen("file3.dat","w");
        for(i=0;i<n;i++)                       //将数组 c 复制到文件 file3.dat 中
        {
            putc(c[i],fp);
            putchar(c[i]);
        }
        printf("\n");
        fclose(fp);
}
```

23. 先在文件 file.dat 中存放一组整数，然后统计并输出该文件中正整数、零和负整数的个数。

【参考程序】

```
#include<stdio.h>
void main()
{
    FILE *fp;
    int p=0,n=0,z=0,temp;
    fp=fopen("file1.dat","r");
    if(fp==NULL)
        printf("file1.dat not found!\n");
    else
    {
        while(!feof(fp))
        {
            fscanf(fp,"%d",&temp);              //从文件中读出一个数据给 temp
            printf("%d,",temp);
            if(temp>0)
                p++;
            else
                if(temp<0)
```

```
                    n++;
                else
                    z++;
        }
        fclose(fp);
        printf("\npositive: %d,negative: %d,zero: %d\n",p,n,z);
    }
}
```

24. 使用键盘在文件中输入 5 名学生的相关信息（包括学生姓名、3 门课的成绩），然后从文件中读出数据，计算学生的平均成绩，并将原有的数据和所计算出的平均成绩存放到新文件 stud.dat 中。

【参考程序】

```
#include<stdio.h>
struct student
{
    char num[6];
    char name[10];
    int score[3];
    float ave;
}stu[5];
void main()
{
    int i;
    FILE *fp;
    for(i=0;i<5;i++)
    {
        printf("Input data of student %d:\n",i+1);
        printf("No. : ");
        scanf("%s",stu[i].num);
        printf("Name: ");
        scanf("%s",stu[i].name);
        printf("Input score1,scor2,score3:\n");
        scanf("%d,%d,%d",&stu[i].score[0],&stu[i].score[1],&stu[i].score[2]);
        stu[i].ave=(stu[i].score[0]+stu[i].score[1]+stu[i].score[2])/3.0;
    }
    fp=fopen("stud.dat","w");            //将输入的数据写入文件 stud.dat 中
    for(i=0;i<5;i++)
        if(fwrite(&stu[i],sizeof(struct student),1,fp)!=1)
            printf("File write error!\n");
    fclose(fp);
    fp=fopen("stud.dat","r");            //将文件 stud.dat 中的数据读到结构体数组 stu 中
    for(i=0;i<5;i++)
    {
        fread(&stu[i],sizeof(struct student),1,fp);
        printf("%s  %-10s%4d,%4d%4d%8.2f\n",stu[i].num,stu[i].name,
            stu[i].score[0],stu[i].score[1],stu[i].score[2],stu[i].ave);
    }
```

```
        fclose(fp);
}
```

25. 将两个递增数据文件 d1.dat 和 d2.dat 合并为一个递增数据文件 d3.dat。

编程提示：程序首先应创建两个递增数据文件 d1.dat 和 d2.dat，然后通过 rewind 函数，将这两个文件的读/写指针移至各自文件的开始处，接下来在第 1 个 while 循环语句中，逐个比较两个文件的读/写指针指向的当前数据值，将其中的较小者送入文件 d3.dat，并从比较的两个文件里取出较小者所在文件的下一个数据，然后将这个数据继续和另一个文件的当前数据进行比较，继续将较小者送入文件 d3.dat。循环这一过程，直到其中一个文件的数据读完。在后两个 while 循环中，将文件 d1.dat 或 d2.dat 中未读完的数据全部复制到文件 d3.dat 中。

【参考程序】

```
#include<stdio.h>
void main()
{
    FILE *f,*p,*q;
    int i,m,n;
    f=fopen("d1.dat","wb+");
    for(i=1;i<=10;i++)                    /*按递增顺序，给文件 d1.dat 输入 10 个整数*/
    {
        scanf("%d",&m);
        fprintf(f,"%d ",m);
    }
    p=fopen("d2.dat","wb+");
    for(i=1;i<=6;i++)                     /*按递增顺序，给文件 d2.dat 输入 6 个整数*/
    {
        scanf("%d",&n);
        fprintf(p,"%d ",n);
    }
    rewind(f);
    rewind(p);
    q=fopen("d3.dat","wb+");
    fscanf(f,"%d",&m);
    fscanf(p,"%d",&n);
    while(!feof(f)&&!feof(p))
/*逐个比较两个文件中的当前数据，将较小者存入文件 d3.dat */
        if(m<n)
        {
            fprintf(q,"%d ",m);
            fscanf(f,"%d",&m);
        }
        else
        {
            fprintf(q,"%d ",n);
            fscanf(p,"%d",&n);
        }
    while(!feof(f))                       /*当 f 所指向文件的数据未读完时*/
```

```
    {
        fprintf(q,"%d ",m);
        fscanf(f,"%d",&m);
    }
    while(!feof(p))                    /*当 p 所指向文件的数据未读完时*/
    {
        fprintf(q,"%d ",n);
        fscanf(p,"%d",&n);

    }
    fclose(f);
    fclose(p);
    rewind(q);
    while(!feof(q))
    {
        fscanf(q,"%d",&m);
        printf("%4d",m);
    }
    printf("\n");
    fclose(q);
}
```

第二篇

上机指导

C 语言程序运行环境和程序的运行方法

一、实验目的

（1）了解计算机系统的基本操作方法，能独立使用该系统。

（2）熟悉 C 语言程序的基本组成。

（3）熟悉在 Visual C++ 6.0 环境中编写、链接和运行 C 语言程序的操作方法。

（4）通过运行简单的 C 语言程序，初步了解 C 语言的特点。

二、实验内容

1. 参照以下程序：

```
#include<stdio.h>                      /*使用 C 语言提供的标准输入/输出函数*/
void main()                            /*主函数 main*/
{
    printf("Hello,China!\n");          /*用输出函数 printf 实现显示字符串的功能*/
}
```

编写一个显示字符串"C program!"的 C 语言程序。

具体要求：

（1）在上机环境下编辑源程序，并注意生成的源程序存储在哪一个驱动器和目录下。

（2）编译和链接源程序，若发现错误，则对其进行修改，并再次编译和链接修改后的程序，直至程序再无错误。注意，只要对源程序进行了修改，就必须重新对其进行编译和链接。

（3）分析输出结果的正确性。

（4）注意 C 语言程序的书写风格，尤其是缩进格式。

（5）调试下一个程序之前，要先关闭当前工作区，否则下一个程序将不能被正确地编译和链接。

2. 输入、调试并运行以下程序。

```
#include<stdio.h>
void main()
{
    int x,y,sum;                       /*定义 x、y、sum3 个整型变量*/
```

```
    printf("Input x and y:\n");        /*在显示器上显示提示输入的信息*/
    scanf("%d%d",&x,&y);               /*从键盘上输入 x 和 y 的值*/
    sum=x+y;                            /*完成 x+y 的求和并将结果赋给 sum*/
    printf("x+y=%d\n",sum);            /*输出求和结果*/
}
```

具体要求同上题。

3. 下面的程序用于通过 printf 语句输出一个由 "*" 字符组成的三角形。

```
#include<stdio.h>
void main()
{
    printf("*\n");
    printf("* *\n");
    printf("* * *\n");
    printf("* * * *\n");
}
```

具体要求：

（1）在上机环境下输入、调试并运行该程序。

（2）修改源程序，使程序能够输出如下图形。

****
****
****
****

（3）编译和链接源程序，若发现错误，则修改后再次进行编译和链接，直至程序无错误。

（4）分析输出结果的正确性。

（5）注意 C 语言程序的书写风格。

4. 输入、调试并运行以下程序。

```
#include<stdio.h>
int max(int x,int y)            /*定义函数max，以及形参x、y 为整型。max 前的 int 表示返回值为整型*/
{
    int z;                      /*定义变量 z 为整型*/
    if(x>y)                     /*条件判断语句，判断 x 是否大于 y*/
        z=x;                    /*当 x>y 为真时，将 x 的值赋给 z*/
    else
        z=y;                    /*当 x>y 为假时，将 y 的值赋给 z*/
    return (z);                 /*将 z 值返回给调用函数 main*/
}
void main()                     /*主函数*/
{
    int a,b,c;                  /*定义变量 a、b、c 为整型*/
    printf("Input a,b=");       /*输出提示字符串*/
    scanf("%d,%d",&a,&b);       /*从键盘上输入 a、b 的值*/
    c=max(a,b);                 /*调用函数 max，并将 max 的返回值赋给 c*/
    printf("Max is:%d\n",c);    /*输出结果*/
}
```

具体要求：

（1）了解 C 语言函数式程序的构成特点。

（2）了解 C 语言程序的执行方式（从 main 函数开始执行，执行中可调用其他函数，如上述程序中的 max 函数，再次到 main 函数时结束执行）。

（3）了解自定义函数的一般定义方法。

（4）了解在调用 max 函数时，实参 a 和 b 传值给形参 x 和 y 的方法。

（5）分析程序的执行过程并检验输出结果的正确性。

三、思考题

（1）C 语言程序中，是否可以不要 main 函数？

（2）C 语言程序中，是否可以用"/*……*/"跨行注释？

基本数据类型、运算符和表达式

一、实验目的

（1）掌握 C 语言的基本数据类型的存储及取值范围。

（2）掌握 C 语言中不同类型常量的表示方法，以及不同类型变量的定义和初始化方法。

（3）掌握基本数据运算，特别是自增（++）运算和自减（--）运算。

（4）掌握各种类型的数据的输入、输出方法，能够正确使用格式字符。

二、实验内容

1. 执行以下程序，通过 sizeof 函数获得不同整型、字符型和实型数据存储所占的字节数。

```
#include<stdio.h>
void main()
{
    printf("int=%d\n",sizeof(int));
    printf("short=%d\n",sizeof(short));
    printf("long=%d\n",sizeof(long));
    printf("unsigned int=%d\n",sizeof(unsigned int));
    printf("unsigned short=%d\n",sizeof(unsigned short));
    printf("unsigned long=%d\n",sizeof(unsigned long));
printf("char=%d\n",sizeof(char));
printf("float=%d\n",sizeof(float));
    printf("double=%d\n",sizeof(double));
    printf("long double=%d\n",sizeof(long double));
}
```

具体要求：

（1）了解不同类型数据存储所占的字节数及其取值范围。

（2）掌握整型、字符型和实型数据在内存中的存放形式。

2. 字符'a'的 ASCII 码值为 97，八进制值为 0141，十六进制值为 0x61。请执行下面的程序，了解字符'a'的不同表示方式，以及整型数据与字符型数据之间的相互转换。

```
#include<stdio.h>
void main()
{
```

```
    int i1=97,i2=0141,i3=0x61;
    char x1='a',x2='\141',x3='\x61';
    printf("%d,%d,%d,%d,%d,%d\n",i1,i2,i3,x1,x2,x3);
    printf("%o,%o,%o,%o,%o,%o\n",i1,i2,i3,x1,x2,x3);
    printf("%x,%x,%x,%x,%x,%x\n",i1,i2,i3,x1,x2,x3);
    printf("%c,%c,%c,%c,%c,%c\n",i1,i2,i3,x1,x2,x3);
}
```

具体要求：

（1）掌握同一个数据的不同表示方法。

（2）能将一个数据由整型转换为字符型，或者由字符型转换为整型。

3. 执行以下程序，了解自增运算与自减运算。

```
#include<stdio.h>
void main()
{
    int i=8;
    printf("%d,",++i);
    printf("%d, ",--i);
    printf("%d,",i++);
    printf("%d,",i--);
    printf("%d,",-i++);
    printf("%d\n",-i--);
}
```

具体要求：

（1）了解自增运算符与自减运算符所限定的运算对象。

（2）注意前置和后置（前缀形式和后缀形式）的自增运算符和自减运算符在运算中的差异，以及它们得到的运算结果。

4. 执行以下程序，了解数据的输入与输出。

（1）不同类型的数据在不同格式字符控制下的输出。

```
#include<stdio.h>
void main()
{
    int a=15;
    double f=123.456;
    printf("%d,%6d,%o,%x\n",a,a,a,a);
    printf("%f,%10f,%10.2f,%-10.2f,%.2f\n",f,f,f,f,f);
    printf("%8s,%3s,%7.2s,%-5.3s,%.4s\n","China","China","China","China","China");
}
```

（2）不同类型的数据在不同格式字符控制下的输入。

```
#include<stdio.h>
void main()
{
    int a,b,x,y;
    char c1,c2;
    scanf("%2d%3d",&a,&b);
```

```
    scanf("%d,%*d,%d",&x,&y);
    scanf("%3c%3c",&c1,&c2);
    printf("a=%d,b=%d\n",a,b);
    printf("x=%d,y=%d\n",x,y);
    printf("c1=%c,c2=%c\n",c1,c2);
}
```

具体要求：

（1）掌握各种类型的数据的输入、输出方法。

（2）能够正确使用格式字符。

5. 程序填空。

（1）输入球体的半径，求该球体的体积。

```
#include <stdio.h>
void main()
{
    double r,v;
    printf("input r:");
    scanf("_____",&r);
    v=_____4/3*PI*r*r*r;
    printf("_____=%.2lf\n",v);
}
```

第 3 个横线处填写 4/3 是否合理，为什么？

（2）任意输入一个整数 x，求它的平方根。

提示：平方根函数在库函数 math.h 文件中定义，它的格式为 "double sqrt(double x)"。

```
#include <stdio.h>
void main()
{
    int x;
    printf("Input x:");
    scanf("%d",_____);
    printf("sqrt(x)=%.2lf\n",_____);
}
```

6. 运行以下程序并回答问题。

```
#include <stdio.h>
void main()
{
    int n,x,y,z;
    printf("请输入一个不大于 1000 的整数:");
    scanf("%d",&n);
    x=n/100;
    y=(n-x*100)/10;
    z=(n-x*100-y*10);
    printf("\n%d  %d  %d\n",x,y,z);
}
```

此程序的功能是什么？你能用其他方法实现同样的功能吗？请上机调试。

三、思考题

（1）C 语言的基本数据类型有哪些？

（2）应如何将 4 字节的整型数据转换为 1 字节的字符型数据？

（3）在计算表达式时，数据类型的转换将自动按数据存储长度增加的方向进行，这是为什么？

顺序结构与选择结构程序设计

一、实验目的

（1）能够使用赋值语句和输入、输出语句进行顺序结构程序设计。

（2）能够正确使用逻辑运算符和逻辑表达式，了解 C 语言中的逻辑真（非 0）和逻辑假（0）的表示方法。

（3）掌握 if 语句的使用方法，能够正确使用 if 语句和 if 语句的嵌套来编写选择结构程序，并理解程序的执行流程。

（4）掌握 switch 语句的格式与功能，能够在 switch 语句中正确使用 break 语句。

二、实验内容

1. 输入长方体的长、宽和高，计算长方体的体积、表面积和对角线长度。

```c
#include<stdio.h>
#include<math.h>
void main()
{
    float a,b,c,v,s,l;                 //v 为体积，s 为表面积，1 为对角线长度
    printf("Input a,b,c: ");
    scanf("%f,%f,%f",&a,&b,&c);
    v=a*b*c;
    s=2*(a*b+a*c+b*c);
    l=sqrt(a*a+b*b+c*c);
    printf("v=%6.2f\ts=%6.2f\tl=%6.2f\n",v,s,l);
}
```

具体要求：

（1）知道在程序中使用"#include<math.h>"的原因。

（2）了解转义字符'\t'的含义和作用。

2. 输入 3 个实数 a、b 和 c，若这 3 个实数作为 3 条边长，能构成三角形，则输出三角形的面积。

【提示】在程序中，设三角形的 3 条边的边长分别为 a、b、c。为了判定方便，先对输入的数据进行调整，使 c 最大，b 次之，a 最小，若三者满足两边之和大于第三边的关系，

则能构成三角形。

计算三角形面积的公式为

$$area=\sqrt{p(p-a)(p-b)(p-c)}\ ,\quad p=\frac{a+b+c}{2}$$

```
#include<stdio.h>
#include<math.h>
void main()
{
    float a,b,c,area,p;
    printf("Input a,b,c: ");
    scanf("%f,%f,%f",&a,&b,&c);              //输入三角形 3 条边的边长
    if(c<b)
    {
        p=c;c=b;b=p;
    }
    if(c<a)
    {
        p=a;a=c;c=p;
    }
    if(b<a)
    {
        p=b;b=a;a=p;
    }
    if(a+b<=c)
        printf("Input data error!\n");
    else
    {
        p=(a+b+c)/2;
        area=sqrt(p*(p-a)*(p-b)*(p-c));
        printf("area=%.2f\n",area);
    }
}
```

具体要求：

（1）掌握 if 语句的使用方法。

（2）掌握交换两个数据值的方法。

3. 根据下面的公式计算 y（x 从键盘上输入）。

$$y=\begin{cases} \sin x & ,\ 0\leqslant x<10 \\ \cos x & ,\ 10\leqslant x<20 \\ e^x-1 & ,\ 20\leqslant x<30 \\ \ln(x+1) & ,\ 30\leqslant x<40 \\ \text{无定义} & ,\ x<0\ \text{或}\ x\geqslant 40 \end{cases}$$

（1）用嵌套的 if 语句实现。

```
#include<stdio.h>
#include<math.h>
void main()
```

```
{
    double x;
    printf("Input x:");
    scanf("%lf",&x);
    if(x>=0&&x<10)
        printf("y=%lf\n",sin(x));
    else
        if(x>=10&&x<20)
            printf("y=%lf\n",cos(x));
        else
            if(x>=20&&x<30)
                printf("y=%lf\n",exp(x)-1);
            else
                if(x>=30&&x<40)
                    printf("y=%lf\n",log(x+1));
                else
                    printf("Not define!\n");
}
```

（2）用 switch 语句实现。

```
#include<stdio.h>
#include<math.h>
void main()
{
    double x;
    printf("Input x: ");
    scanf("%lf",&x);
    switch((int)x/10)
    {
        case 0: printf("y=%lf\n",sin(x));
                break;
        case 1: printf("y=%lf\n",cos(x));
                break;
        case 2: printf("y=%lf\n",exp(x)-1);
                break;
        case 3: printf("y=%lf\n",log(x+1));
                break;
        default: printf("Not define!\n");
    }
}
```

具体要求：

（1）能够正确使用嵌套的 if 语句编写程序。

（2）能够正确使用 switch 语句编写程序，知道 switch 关键字后的"()"中的表达式值应如何与 case 后的常量表达式值对应。

（3）若 x 的取值范围为$-10<x<0$，则使用 switch 语句实现的程序的运行结果会出错。这是为什么？请改正这种情况。

4. 输入学生的成绩，并按下面的等级分类标准输出该学生的成绩对应的等级。

$$90 \sim 100 \ 分: \qquad A$$
$$80 \sim 89 \ 分: \qquad B$$
$$70 \sim 79 \ 分: \qquad C$$
$$60 \sim 69 \ 分: \qquad D$$
$$60 \ 分以下: \qquad E$$

（1）用嵌套的 if 语句实现。

```c
#include<stdio.h>
void main()
{
    int score;
    char grade;
    printf("Input a student score:");
    scanf("%d",&score);
    if(score<0||score>100)
        printf("Input errror!\n");
    else
    {
        if(score>=90)
            grade='A';
        else
            if(score>=80)
                grade='B';
            else
                if(score>=70)
                    grade='C';
                else
                    if(score>=60)
                        grade='D';
                    else
                        grade='E';
        printf("The student grade: %c\n",grade);
    }
}
```

（2）用 switch 语句实现。

```c
#include<stdio.h>
void main()
{
    int score;
    printf("Input a student score:");
    scanf("%d",&score);
    switch(score/10)
    {
      case 0: case 1: case 2: case 4:
      case 5: printf("The student grade: E\n");
              break;
      case 6: printf("The student grade: D\n");
              break;
      case 7: printf("The student grade: C\n");
              break;
```

```
        case 8: printf("The student grade: B\n");
                break;
        case 9:
        case 10: printf("The student grade: A\n");
                 break;
        default: printf("Input errror!\n");
    }
}
```

具体要求：

（1）掌握 switch 语句中 case 的用法。

（2）掌握 switch 语句中 break 语句的用法。

5. 运行以下程序并回答问题。

```
#include<stdio.h>
void main()
{
    int a,b,max,min;
    scanf("%d%d",&a,&b);
    if(a>b)
        { max=a;min=b;}
    else
        { min=a;max=b; }
    printf("max=%d,min=%d\n",max,min);
}
```

（1）此程序的功能是什么？

（2）请用条件表达式语句修改程序，使之实现相同的功能。

6. 以下输入长方体的长、宽、高，计算长方体的体积、表面积和对角线长度的程序中存在错误，请改正，并记录运行结果。

```
#include<stdio.h>
void main()
{
    float a,b,c,v,s,l;                      /*v 为体积,s 为表面积,l 为对角线长度*/
        printf("Input a,b,c: ");
    scanf("%f,%f,%f",&a,&b,&c)
    v=a*b*c;
    s=2*(a*b+a*c+b*c);
    l=sqrt(a*a+b*b+c*c);
    printf("v=%6.2d\ts=%6.2d\tl=%6.2d\n",v,s,l);
}
```

具体要求：

（1）了解程序出错的原因，并改正。

（2）了解转义字符'\t'的含义和作用。

三、思考题

（1）switch 语句是否完全可以取代嵌套的 if 语句？

（2）在 switch 语句中，能否不使用 break 语句？

循环结构程序设计

一、实验目的

（1）掌握 while 语句、do…while 语句和 for 语句的格式和功能，能够使用这些语句实现循环结构程序设计。

（2）掌握循环语句嵌套使用的基本形式，能够用嵌套的循环语句实现多重循环。

（3）掌握在循环结构程序中通过 break 语句和 continue 语句来改变程序流程的方法。

（4）理解循环控制的作用，能够正确设定循环条件并控制循环的次数。

二、实验内容

1. 用 while 语句、do…while 语句和 for 语句分别求自然对数 e 的近似值，其中

$$e \approx 1 + \frac{1}{1!} + \frac{1}{2!} + \dots + \frac{1}{n!}, \quad \frac{1}{n} \geqslant 10^{-7}$$

（1）用 while 语句实现（参见配套教程的【例 3.15】）。

```
#include<stdio.h>
void main()
{
    int i=1;
    float e=1,n=1;
    while(1/n>=1e-7)
    {
        n=n*i;                      //形成 n!
        e=e+1/n;                    //求累加和
        i++;
    }
    printf("e=%f\n",e);
}
```

（2）用 do…while 语句实现（参见配套教程的【例 3.18】）。

```
#include<stdio.h>
void main()
{
    int i=1;
    float e=1,n=1;
```

```
    do
    {
        n=n*i;                          //形成 n!
        e=e+1/n;                        //求累加和
        i++;
    }while(1/n>=1e-7);
    printf("e=%f\n",e);
}
```

（3）用 for 语句实现（参见配套教程的【例 3.21】）。

```
#include<stdio.h>
void main()
{
    int i;
    float e=1,n=1;
    for(i=1;1/n>=1e-7;i++)
    {
        n=n*i;
        e=e+1/n;
    }
    printf("e=%f\n",e);
}
```

具体要求：

（1）掌握 while 语句、do…while 语句和 for 语句的使用方法，能够总结出这 3 种语句的异同点。

（2）注意循环控制的作用，要正确设置好循环条件，防止出现死循环。

2. 按下面的格式输出九九乘法表（参见本书第 3 章第 30 题给出的参考程序）。

```
1*1= 1  1*2= 2  1*3= 3  1*4= 4  1*5= 5  1*6= 6  1*7= 7  1*8= 8  1*9= 9
        2*2= 4  2*3= 6  2*4= 8  2*5=10  2*6=12  2*7=14  2*8=16  2*9=18
                3*3= 9  3*4=12  3*5=15  3*6=18  3*7=21  3*8=24  3*9=27
                                                                ⋮
                                                        8*8=64  8*9=72
                                                                9*9=81
```

```
#include<stdio.h>
void main()
{
    int i,j;
    for(i=1;i<=9;i++)
    {
        for(j=1;j<i;j++)
            printf("\t");
        for(j=i;j<=9;j++)
            printf("%3d*%d=%2d",i,j,i*j);
        printf("\n");
    }
}
```

具体要求:

(1)掌握循环语句的嵌套使用。

(2)修改程序,使其能够按以下格式输出九九乘法表。

```
                                                                    9*9=81
                                                        8*8=64    8*9=72
                                                                      ⋮
                        3*3= 9   3*4=12   3*5=15   3*6=18   3*7=21   3*8=24   3*9=27
                2*2= 4   2*3= 6   2*4= 8   2*5=10   2*6=12   2*7=14   2*8=16   2*9=18
        1*1= 1   1*2= 2   1*3= 3   1*4= 4   1*5= 5   1*6= 6   1*7= 7   1*8= 8   1*9= 9
```

3. 求正整数 m 和 n 的最大公约数。

(1)用 while 语句实现。

```c
#include<stdio.h>
void main()
{
    int m,n,i;
    printf("Input data m n:");
    scanf("%d%d",&m,&n);
    if(m>n)
        i=n;
    else
        i=m;
    while(m%i!=0||n%i!=0)
        i--;
    printf("gcd=%d\n",i);
}
```

(2)用 for 语句实现。

```c
#include<stdio.h>
void main()
{
    int m,n,i,k;
    printf("Input data m n:");
    scanf("%d%d",&m,&n);
    if(m>n)
        k=n;
    else
        k=m;
    for(i=k;m%i!=0||n%i!=0;i--);
    printf("gcd=%d\n",i);
}
```

具体要求:

(1)熟悉 for 语句的使用方法。

(2)能够将以上程序改为用 do…while 语句实现。

4. 求 1000 以内的所有素数(参见配套教程的【例 3.32】中的方法二)。

```
#include<stdio.h>
void main()
{
    int i,j,n=0;
    for(i=2;i<=1000;i++)
    {
        for(j=2;j<i;j++)
            if(i%j==0)
                goto L1;
        printf("%6d",i);
        n++;
        if(n%10==0)
            printf("\n");
    L1: ;
    }
    printf("\n");
}
```

具体要求：

（1）了解 goto 语句的用法。

（2）能够将上述程序中的 goto 语句改为 continue 语句。

5. 用程序实现下面图形的输出（参见本书第 3 章第 31 题给出的参考程序）。

```
   *
  ***
 **  **
**    **
 **  **
  ***
   *
```

```
#include<stdio.h>
#include<math.h>
void main()
{
    int i,j,k,n=3,m=2;
    for(i=-n;i<=n;i++)
    {
        k=n-abs(i);
        for(j=0;j<=n-k;j++)
            printf(" ");
        for(j=-k;j<=k;j++)
            if(abs(j)>k-m)
                printf("*");
            else
                printf(" ");
        printf("\n");
    }
}
```

具体要求：

（1）理解该程序的含义并对其进行调试。

（2）模仿该程序，编写能够输出下面图形的程序。

```
            6
           666
          55555
         555 555
        444   444
        444   444
       333     333
       333     333
        222 222
        222 222
         11111
          111
           0
```

三、思考题

（1）while 语句和 do…while 语句有什么区别？

（2）为什么说 for 语句完全可以取代 while 语句和 do…while 语句？

（3）实现循环时，如何确定循环条件和循环体？

（4）continue 语句和 break 语句在 while 语句、do…while 语句和 for 语句中的作用分别是什么？

一、实验目的

（1）正确理解一维数组和二维数组的概念，熟练掌握一维数组和二维数组的定义和初始化方法。

（2）熟练掌握一维数组和二维数组中数据的输入、输出及字符串的输入、输出方法。

（3）了解数组的地址、数组元素的地址，以及一维数组和二维数组在内存中的存放顺序。

（4）了解字符数组和字符串的区别，掌握字符数组、字符串和字符串函数的使用方法。

（5）能够正确使用字符串结束标志'\0'对字符串进行处理。

二、实验内容

1. 执行以下程序，实现首先给数组 a 输入任意一组数据，然后逆置数组元素，最后输出逆置后的数组元素的功能。

```c
#include<stdio.h>
void main()
{
    int a[20],i,n,x;
    printf("Input number of elements:");
    scanf("%d",&n);
    printf("Input element:\n");
    for(i=0;i<n;i++)                    //输入数据
        scanf("%d",&a[i]);
    printf("Before:\n");                //输出输入的数据
    for(i=0;i<n;i++)
        printf("%4d",a[i]);
    printf("\n");
    for(i=0;i<n/2;i++)                  //实现逆置
    {
        x=a[i];
        a[i]=a[n-i-1];
        a[n-i-1]=x;
    }
```

```
    printf("After:\n");
    for(i=0;i<n;i++)
        printf("%4d",a[i]);
    printf("\n");
}
```

具体要求：

（1）正确理解一维数组的定义方法。

（2）能够正确进行一维数组下标计算，熟练掌握数组元素的输入、输出方法。

2. 执行以下程序，实现输入 *n* 个整数，将它们由小到大进行排序，并输出排序后的结果的功能。

```
#include<stdio.h>
void main()
{
    int a[20],i,j,n,temp;
    printf("Please input number of elements:");
    scanf("%d",&n);
    printf("Input elements:\n");
    for(i=0;i<n;i++)
        scanf("%d",&a[i]);
    for(i=0;i<n;i++)
        printf("%4d",a[i]);
    printf("\n");
    for(i=1;i<=n-1;i++)                        //进行 n-1 趟排序
    {
        for(j=n-1;j>=i;j--)
            if(a[j-1]>a[j])
            {
                temp=a[j-1];
                a[j-1]=a[j];
                a[j]=temp;
            }
        printf("-%d- ",i);
        for(j=0;j<n;j++)
            printf("%4d",a[j]);
        printf("\n");
    }
}
```

具体要求：

（1）掌握数组元素的排序方法（冒泡排序法）。

（2）注意排序中数组元素下标的变化，特别是两重 for 循环的循环控制变量的变化范围。

3. 执行以下程序，实现找出 5×5 矩阵中每行绝对值最大的元素，并将其与同行对角线上的元素进行位置交换的功能。

```
#include<stdio.h>
#include<math.h>
void main()
{
```

```
    int a[5][5],i,j,k,t;
    printf("Input data of a[5][5]:\n");
    for(i=0;i<5;i++)                            //输入 5×5 矩阵元素值
        for(j=0;j<5;j++)
            scanf("%d",&a[i][j]);
    for(i=0;i<5;i++)                            //对每一行进行操作
    {
        k=0;
        for(j=1;j<5;j++)
            if(abs(a[i][j])>abs(a[i][k]))
                k=j;                            //记录下新的绝对值最大的元素的位置
        if(k!=i)                                //当 k 位置不是对角线位置时
        {
            t=a[i][i];
            a[i][i]=a[i][k];
            a[i][k]=t;
        }
    }
    printf("Output:\n");
    for(i=0;i<5;i++)
    {
        for(j=0;j<5;j++)
            printf("%4d",a[i][j]);
        printf("\n");
    }
}
```

具体要求：

（1）正确理解二维数组的定义方法。

（2）熟练掌握二维数组的数组元素的输入、输出方法。

4. 如果字符数组中没有存入字符串结束标志（ '\0'字符），那么当采用"%s"格式字符或 puts 函数输出时，这种输出将因为数组中没有'\0'字符而无法终止，并得到错误的结果。执行下面的程序，检验各字符数组在不同的定义和赋值下，系统是否给数组添加了'\0'字符。

```
#include<stdio.h>
void main()
{
    int i;
    char a[5]={'a','b','c'},b[5]="abc",
        c[]={'a','b','c'},d[5],e[5],f[5],g[5];
    d[0]='a',d[1]='b',d[2]='c';
    printf("Input three char: ");
    scanf("%s",e);
    getchar();
    printf("Input three char: ");
    gets(f);
    printf("Input three char: ");
    for(i=0;i<3;i++)
        scanf("%c",&g[i]);
    for(i=0;i<5;i++)
```

```
    if(a[i]=='\0')
        printf("Array a has \\0!\n");
    for(i=0;i<5;i++)
    if(b[i]=='\0')
        printf("Array b has \\0!\n");
      for(i=0;i<5;i++)
        if(c[i]=='\0')
          printf("Array c has \\0!\n");
      for(i=0;i<5;i++)
        if(d[i]=='\0')
          printf("Array d has \\0!\n");
      for(i=0;i<5;i++)
        if(e[i]=='\0')
          printf("Array e has \\0!\n");
      for(i=0;i<5;i++)
        if(f[i]=='\0')
          printf("Array f has \\0!\n");
      for(i=0;i<5;i++)
        if(g[i]=='\0')
          printf("Array g has \\0!\n");
}
```

具体要求：

（1）根据程序运行的结果，了解各字符数组在不同的定义和赋值下，哪些由系统给数组中所有未赋值的元素添加了'\0'字符，哪些由系统仅给数组中第一个未赋值的元素添加了'\0'字符，哪些数组中所有未赋值的元素都未被系统添加'\0'字符。

（2）给程序添加 puts 语句，输出各字符数组中的值，了解字符数组中没有'\0'字符的影响。

5. 用字符数组 a 保存字符串"I am a teacher!"，用字符数组 b 保存字符串"you are a student!"，要求编程实现以下功能。

（1）对数组 a 和数组 b 实现 strcmp 功能。

（2）将数组 b 中的字符串连接到数组 a 中，即实现 strcat 功能。

（3）将连接后的数组 a 复制到数组 c 中，即实现 strcpy 功能。

编程实现如下。

```
#include<stdio.h>
void main()
{
    char a[40]="I am a teacher!";
    char b[20]="You are a student!";
    char c[40];
    int i=0,j=0,n;
    while(a[i]==b[i])                      //实现 strcmp 功能
    {
        if((a[i]=='\0')||(b[i]=='\0'))
            break;
        i++;
```

```
    }
    n=a[i]-b[i];
    if(n==0)
        printf("a=b\n");
    else
        if(n>0)
            printf("a>b\n");
        else
            printf("a<b\n");
    i=0;j=0;
    while(a[i]!='\0')                    //实现 strcat 功能
        i++;
    while(b[j]!='\0')
        a[i++]=b[j++];
    a[i]='\0';
    i=0;
    while(c[i]=a[i++]);                   //实现 strcpy 功能
    printf("Output:\n");
    puts(a);
    puts(b);
    puts(c);
}
```

具体要求：

（1）了解字符数组和字符串的概念和使用方法。

（2）掌握字符串的输入、输出方法。

（3）能够正确使用字符串结束标志'\0'对字符串进行处理。

三、思考题

（1）在二维数组 a 中，a、a[0]和 a[0][0]各表示什么含义？

（2）如果访问的数组元素超出了该数组的范围，即产生了数组越界问题，那么系统是如何处理这种问题的？

函数

一、实验目的

（1）掌握函数的定义、声明和调用方法。

（2）正确理解实参和形参的含义、在函数调用中二者的对应关系，以及它们之间的值传递关系。

（3）掌握函数的嵌套调用和递归调用方法。

（4）了解全局变量和局部变量的含义和作用域。

二、实验内容

1. 执行以下程序，了解函数调用时，值的传递方式和参数传递的顺序（分析思路参见配套教程的【例5.2】）。

```
#include<stdio.h>
int add(int x,int y)
{
    int z;
    z=x+y;
    return (z);
}
void main()
{
    int i=1,sum;
    sum=add(i,++i);
    printf("%d\n",sum);
}
```

具体要求：

（1）理解实参和形参的含义及二者之间的值传递关系。

（2）将语句"sum=add(i,++i);"改为"sum=add(++i, i);"后，观察程序运行的结果。

2. 执行以下程序，了解不同书写格式的函数声明语句带来的影响。

```
#include<stdio.h>
int f(int a,int b)
{
    return a/b;
```

```
}
void main()
{
     int x=4,y=5,z;
     z=f(x,y);
     printf("z=%d\n",z);
}
```

【分析】尽管在上述程序中，函数声明语句里的形参名与函数首部的形参名正好相反，但程序编译后并没有出错，因此这种写法是正确的。那么，是按函数声明语句中的顺序，将实参 x 和 y 传给形参 b 和 a，还是按函数首部的顺序，将实参 x 和 y 传给形参 a 和 b 呢？从程序运行的结果为 0（即 a=4，b=5，得到 4/5 等于 0；否则 a=5，b=4，将得到 5/4 等于 1）可以看出，应按函数首部的顺序，将实参 x 和 y 传给形参 a 和 b。因此，函数声明语句只是形式上的，在其中出现的形参名无关紧要，可以不写，也就是说，可以将程序中的函数声明语句写为"int f(int,int);"。

具体要求：

（1）掌握函数声明语句的使用方法。

（2）知道在什么情况下不用写函数声明语句。

3. 通过以下程序来验证哥德巴赫猜想（一个大于或等于 6 的偶数可以表示为两个素数之和，例如，6=3+3、8=3+5、10=3+7 ……）。

```
#include<stdio.h>
int prime(int n)
{
    int i,flag=1;
    for(i=2;i<n/2;i++)
        if(n%i==0)
        {
            flag=0;
            break;
        }
    return (flag);
}
void div(int n)
{
    int n1,n2;
    for(n1=3;n1<n/2;n1++)
    {
        n2=n-n1;
        if(prime(n1)&&prime(n2))
            printf("%d=%d+%d\n",n,n1,n2);
    }
}
void main()
{
    int n;
    do
```

```
    {
        printf("input n(>=6):");
        scanf("%d",&n);
    }while(!(n>=6&&n%2==0));
    div(n);
}
```

具体要求：

（1）掌握函数的嵌套调用方法。

（2）能够对程序中函数的调用进行分析。

4. 执行以下程序，分析递归函数的执行过程（分析思路参见配套教程的【例 5.7】）。

```
#include<stdio.h>
void out1()
{
    char ch;
    scanf("%c",&ch);
    if(ch!='\n')
    {
        out1();
        printf("%c",ch);
    }
}
void main()
{
    out1();
    printf("\n");
}
```

具体要求：

（1）注意递归与递推的不同，掌握递归函数的构造方法。

（2）用动态图分析程序的执行过程。

5. 执行以下程序，实现用递归函数求解斐波那契数列的功能。

```
#include<stdio.h>
int fib(int n)
{
    int f;
    if(n==1||n==2)
        f=1;
    else
        f=fib(n-1)+fib(n-2);
    return f;
}
void main()
{
    int i,n,f1;
    printf("Input Fibonacci's number:");
    scanf("%d",&n);
    for(i=1;i<=n;i++)
        {
```

```
        f1=fib(i);
        printf("%6d",f1);
        if(i%5==0)
            printf("\n");
    }
    printf("\n");\
}
```

具体要求：

（1）注意递归函数调用语句的写法，不要写成"fib(n)=fib(n-1)+fib(n-2);"这种错误形式。

（2）掌握用 if 语句构造递归函数的一般方法，注意最终能够结束递归的条件。

（3）不用递归方法，在函数中采用递推方法求解斐波那契数列。

6. 运行程序并回答问题。

（1）调试以下程序，查找其中的错误并改正。

```
#include<stdio.h>
void main()
{
    play(3);
}

void print_star()
{
    printf("* * * * * * * * * *\n")
}
void print_message()
{
    printf("Good Friend! \n");
}
void play(int n)
{
    int i;
    for(i=1;i<=n;++i)
    {
        print_star();
        print_message();
    }
}
```

运行以上程序后会出现什么错误？为什么？应如何修改？请上机调试。

（2）用以下程序计算 1+2+3+4+5 的结果。

```
#include<stdio.h>
void main()
{
    int i,sum;
    for(i=1;i<=5;++i)
        sum=add(i);
    printf("sum=%d\n",sum);
}
add (int a)
```

```
{
    int s=0;
    s=s+a;
    return(s);
}
```

此程序能否得到正确结果？为什么？请在不增加语句的条件下，修改程序并上机调试。

三、思考题

（1）函数的声明、函数的定义及函数的调用有什么不同？

（2）能否将形如"int f(int,int);"的函数声明语句写成"int f();"？

（3）通常在什么情况下采用递归方法？

指针

一、实验目的

（1）掌握地址和指针的基本概念。

（2）掌握指针变量的定义和通过指针变量访问其他变量的方法。

（3）熟悉指针与数组之间的关系。

（4）熟悉字符串指针，了解指向字符串的指针变量，以及该变量与字符数组名的区别。

（5）掌握指针与函数的关系，以及指针作为函数参数的定义和调用方法。

二、实验内容

1. 执行以下程序，用指针变量作为函数中的形参，实现两个数的交换。

```c
#include<stdio.h>
void swap(int *p1,int *p2)
{
    int temp;
    temp=*p1;
    *p1=*p2;
    *p2=temp;
}
void main()
{
    int a=10,b=30;
    swap(&a,&b);                    //实参分别为变量 a 和变量 b 的地址
    printf("%d,%d\n",a,b);
}
```

具体要求：

（1）掌握指针变量的使用方法。

（2）掌握在函数中定义和调用指针变量的方法。

2. 执行以下程序，用函数实现将一维数组的各元素值循环右移 m 个元素位置的功能。

```c
#include<stdio.h>
void remove(int a[],int m,int n)
{
 int i,t,*p;
 for(i=0;i<m;i++)                    //循环右移 m 个元素位置
```

```
    {
        p=a+n-1;                          //p 指向数组的最后一个元素 a[n-1]
        t=*p;                             //t 保存 a[n-1]的值
        for(;p>a;p--)                     //将 a[n-2]、…、a[0]顺序循环右移 1 位至 a[n-1]、…、a[1]
            *p=*(p-1);
        *p=t;                             //退出循环时 p 指向 a[0]，即将 t 中的原 a[n-1]值送入 a[0]中
    }
}
void main()
{
    int m,s[10],*p;
    printf("Input data:\n");
    for(p=s;p<s+10;p++)                   //输入 10 个元素值
        scanf("%d",p);
    printf("Move m=");
    scanf("%d",&m);
    remove(s,m,10);                       //调用循环右移函数
    printf("After:\n");
    for(p=s;p<s+10;p++)                   //按照移动后的顺序输出
        printf("%5d",*p);
    printf("\n");
}
```

具体要求：

（1）熟悉指针与数组之间的关系，掌握通过指针变量访问数组元素的方法。

（2）掌握数组名作为函数参数及形参数组的定义和调用方法。

（3）分析程序执行过程中数组的变化情况。

3. 执行以下程序，用函数实现寻找一个二维数组的鞍点（即元素在该行上值最大，在该列上值最小）的功能。

```
#include<stdio.h>
void find(int a[][5],int n)
{
    int j,k,(*p)[5],(*r)[5];
    for(p=a;p<a+5;p++)
    {
        j=0;
        for(k=1;k<5;k++)
            if(*(*p+k)<*(*p+j))
                j=k;
        for(r=a;r<a+5&&(p==r||*(*p+j)>*(*r+j));r++);
        if(r==a+5)
            printf("i=%d,j=%d,a[i][j]=%d\n",p-a,j,*(*p+j));
    }
}
void main()
{
    int a[5][5],*q,(*p)[5];
    printf("Input a[5][5]:\n");
    for(p=a;p<a+5;p++)
```

```
        for(q=*p;q<*p+5;q++)
            scanf("%d",q);
    find(a,5);
}
```

具体要求：

（1）掌握指向二维数组的指针变量的使用方法。

（2）了解普通指针变量和指向二维数组的指针变量的使用范围及表示方法。

4. 执行以下程序，实现判断一个字符串是否为另一个字符串的子串的功能。

```
#include<stdio.h>
int substr(char *s1,char *s2)
{
        int loc;
        char *p,*p1,*p2;
        loc=0;
        p1=s1;
        while(*p1!=NULL&&loc==0)
        {
            p=p1;p2=s2;              //用 p 标记主串本趟比较的起始位置，置 p2 为子串的起始位置
            while(*p1!='\0'&&*p2!='\0'&&*p1==*p2)
            {                       //当主串和子串都未结束，且比较的字符相等时
                p1++;p2++;
            }
            if(*p2=='\0')           //若此时 p2 指向'\0'，则表示已在主串中找到子串
                loc=p-s1+1;         //通过指针差求子串在主串中的位置
            else
                p1=p+1;             //从主串的下一位置开始比较
        }
        return loc;                 //返回子串在主串中的位置值，若返回 0，则表示未找到子串
}
void main()
{
        char s[]="I am a good student.";
        int n;
        n=substr(s,"en");
        if(n==0)
            printf("Not found!\n");
        else
            printf("This string starts at pos %d\n",n);
}
```

具体要求：

（1）熟悉指针与数组之间的关系。

（2）掌握指向字符串的指针变量的使用方法。

5. 执行以下程序，实现使用指针数组对数组元素进行排序的功能。

```
#include<stdio.h>
void sort(int **p,int n)
{
```

```
    int i,j,m,*t;
    for(i=0;i<n-1;i++)
    {
        t=*p+i;
        for(j=i+1;j<n;j++)
            if(*t>*(*p+j))
                t=*p+j;
        if(t!=*p+i)                    //交换元素的地址值
        {
            m=*(*p+i);
            *(*p+i)=*t;
            *t=m;
        }
    }
}
void main()
{
    int a[20],i,n,**p,*pr[20];
    printf("How many data ? ");
    scanf("%d",&n);
    for(i=0;i<n;i++)                    //将数组 a 中每一个元素的地址对应赋给指针数组 pr 对应的元素
        pr[i]=&a[i];
    printf("Please input %d data:\n",n);
    for(i=0;i<n;i++)
        scanf("%d",pr[i]);
    p=pr;
    sort(p,n);
    printf("After order:\n");
    for(i=0;i<n;i++)
        printf("%4d",*pr[i]);
    printf("\n");
}
```

具体要求：

（1）掌握指针数组和多级指针的使用方法。

（2）了解用指针表示数组元素的方法。

（3）熟悉选择排序法。

三、思考题

（1）表示一维数组元素有哪些方法？

（2）表示二维数组元素有哪些方法？

（3）普通指针变量与指向二维数组的指针变量有何区别？它们在指向二维数组时有何不同？

结构体

一、实验目的

（1）掌握结构体类型和结构体变量的定义方法。

（2）掌握结构体成员的引用方法。

（3）掌握结构体数组及指向结构体的指针的定义和使用方法。

（4）了解链表的基本概念，初步掌握链表操作。

二、实验内容

1. 执行以下程序，实现给结构体变量赋值并输出这个值的功能。

```
#include<stdio.h>
void main()
{
    struct student
    {
        char name[20];
        int age;
        char sex;
        float score;
    }stu1,stu2;
    printf("Input name,age,sex,score:\n");
    scanf("%s ,%d,%c,%f",stu1.name,&stu1.age,&stu1.sex,&stu1.score);
    printf("Output:\n");
    printf("name=%s,age=%d\n",stu1.name,stu1.age);
    printf("sex=%c,score=%f\n",stu1.sex,stu1.score);
}
```

具体要求：

（1）掌握结构体类型和结构体变量的定义方法。

（2）掌握输入、输出语句中结构体成员的引用方法。

2. 用结构体记录一个班级中的学生的成绩，结构体成员包括学生姓名、三门课的成绩，以及总成绩。执行以下程序，实现输入全班学生的信息及三门课的成绩，便可计算总成绩，按总成绩由高到低的顺序进行排序，并输出排好序的学生信息及三门课的成绩清单的功能。

```
#include<stdio.h>
struct student
{
    char name[10];
    int score[3];
    int sum;
}stu[50];
void sort(struct student st[],int n)
{
    int i,j,k;
    struct student t;
    for(i=0;i<n-1;i++)                          //将总成绩由高到低进行排序
    {
        k=i;
        for(j=i+1;j<n;j++)
            if(st[k].sum<st[j].sum)
                k=j;
        if(k!=j)
        {
            t=st[i];
            st[i]=st[k];
            st[k]=t;
        }
    }
}
void main()
{
    int i,j,n,s;
    printf("Input number of students:");        //输入学生人数
    scanf("%d",&n);
    for(i=0;i<n;i++)                            //输入每名学生的相关数据
    {
        printf("Input data of student %d:\n",i+1);
        printf("Input name:");
        scanf("%s",stu[i].name);
        printf("Input score1  score2  score3: ");
        s=0;
        for(j=0;j<3;j++)                        //输入学生三门课的成绩
        {
            scanf("%d",&stu[i].score[j]);
            s+=stu[i].score[j];
        }
        stu[i].sum=s;
    }
    sort(stu,n);
    for(i=0;i<n;i++)
        printf("%-10s,%d,%d,%d,   %d\n",stu[i].name,stu[i].score[0],
            stu[i].score[1],stu[i].score[2],stu[i].sum);
}
```

具体要求：

（1）掌握定义结构体数组和访问结构体数组成员的方法。

（2）掌握结构体数组作为函数参数的传递方法。

（3）熟悉选择排序法。

3. 执行以下程序，用指向结构体数组的指针实现给数据排序的功能。

```c
#include<stdio.h>
struct S{int n; int a[20];};
void f(struct S *p)
{
    int i,j,t;
    for(i=0;i<p->n-1;i++)
        for(j=i+1;j<p->n;j++)
            if(p->a[i]>p->a[j])
            {
                t=p->a[i];p->a[i]=p->a[j];p->a[j]=t;
            }
}
void main()
{
    int i;
    struct S m={10,{2,3,1,6,8,7,5,4,10,9}};
    f(&m);
    for(i=0;i<m.n;i++)
        printf("%d,",m.a[i]);
     printf("\n");
}
```

具体要求：

（1）掌握指向结构体数组的指针变量的使用方法。

（2）掌握用指针表示结构体数组元素中的成员的方法。

（3）熟悉冒泡排序法。

4. 执行以下程序，实现首先任意生成一个整型数据链表（若输入-1，则链表结束），然后将链表节点的数据成员值按由小到大的顺序进行排序，并形成一个升序链表的功能。

```c
#include<stdio.h>
#include<stdlib.h>
struct node
{
    int data;
    struct node *next;
};
void print(struct node *p)                        //输出函数
{
    while(p!=NULL)
    {
        printf("%4d",p->data);
```

```
            p=p->next;
        }
        printf("\n");
}
void main()
{
        struct node *head,*p,*q;
        int b,t,x;
        printf("Create list:\n");
        head=NULL;
        scanf("%d",&x);
        while(x!=-1)                              //生成一个链表
        {
            p=(struct node *)malloc(sizeof(struct node));
            p->data=x;
            p->next=head;
            head=p;
            scanf("%d",&x);
        }
        printf("Output list\n");
        print(head);
        b=1;
        while(b)                                  //冒泡法排序
        {
            b=0;
            p=head;
            while(p->next!=NULL)
            {
                q=p;
                p=p->next;
                if(p->data<q->data)
                {
                    t=p->data;
                    p->data=q->data;
                    q->data=t;
                    b=1;
                }
            }
        }
        printf("Output after order:\n");
        print(head);
}
```

具体要求：

（1）掌握链表的基本概念，了解建立链表的方法。

（2）了解输出链表中节点信息的方法。

（3）了解在链表中排序的方法。

三、思考题

（1）结构体与数组有何区别？

（2）结构体变量的定义方法有哪些？

（3）引用结构体指针变量有哪两种方式？

（4）在建立链表的过程中，为什么常用动态存储分配的方法生成链表节点？

文件

一、实验目的

（1）了解文件与文件缓冲区、文本文件与二进制文件，以及文件指针与文件读/写指针的区别。

（2）掌握文件的打开、关闭及各种读/写函数的使用方法。

（3）掌握文件的定位及随机读/写方法。

（4）能够编写简单的文件应用程序。

二、实验内容

1. 执行以下程序，实现首先在 c 盘上建立一个 myfile.txt 文件，并将字符串"How are you"写入文件中，然后从该文件中读取字符，并将其显示在屏幕上的功能。

```c
#include<stdio.h>
void main()
{
    FILE *fp;
    char ch,a[20]="How are you",*p=a;
    fp=fopen("c:\\myfile.txt","w");        //创建 myfile.txt 文件
    while(*p!='\0')
    {
        fputc(*p,fp);                      //将*p（p 指向的数组元素的内容）写入文件中
        p++;
    }
    fclose(fp);                            //关闭文件
    fp=fopen("c:\\myfile.txt","r");        //打开 myfile.txt 文件
    ch=fgetc(fp);                          //从文件中读取 1 个字符
    while(ch!=EOF)                         //EOF 为文件结束标志
    {
        putchar(ch);                       //将读取的字符显示在屏幕上
        ch=fgetc(fp);                      //继续从文件中读取字符
    }
    fclose(fp);                            //关闭文件
}
```

具体要求：

（1）掌握文件的打开与关闭方法，了解文件指针与文件读/写指针在文件中的作用。

（2）掌握写字符函数 fputc 和读字符函数 fgetc 在文件中的使用方法。

（3）清楚文件结束标志 EOF 的作用。

（4）分析程序中读/写文件的过程。

2. 执行以下程序，分析写入文件的数据格式对读出数据的影响（分析思路参见配套教程的【例 8.8】）。

```c
#include<stdio.h>
void main()
{
    FILE *fp;
    int k,n,a[6]={1,2,3,4,5,6};
    fp=fopen("d2.dat","w");
    fprintf(fp,"%d%d%d\n",a[0],a[1],a[2]);
    fprintf(fp,"%d%d%d\n",a[3],a[4],a[5]);
    fclose(fp);
    fp=fopen("d2.dat","r");
    fscanf(fp,"%d%d",&k,&n);
    printf("%d,%d\n",k,n);
    fclose(fp);
}
```

具体要求：

（1）掌握格式化读函数 fscanf 和格式化写函数 fprintf 在文件中的使用方法。

（2）分析写入文件的数据格式对读出数据的影响，明白为什么会出现这种情况。

3. 执行以下程序，分析文件中数据块的读/写。

```c
#include<stdio.h>
void main()
{
    FILE *fp;
    int i,a[10]={1,2,3,0,0},b[10],c[10];
    fp=fopen("d1.dat","wb");
    fwrite(a,sizeof(int),5,fp);
    fwrite(a,sizeof(int),5,fp);
    fclose(fp);
    fp=fopen("d1.dat","rb");
    fread(b,sizeof(int),10,fp);
    fclose(fp);
    for(i=0;i<10;i++)
        printf("%d,",b[i]);
    printf("\n");
    fp=fopen("d2.dat","wb");
    for(i=0;i<5;i++)
        fwrite(a,sizeof(int),1,fp);
    for(i=0;i<5;i++)
        fwrite(a,sizeof(int),1,fp);
    fclose(fp);
```

```
    fp=fopen("d2.dat","rb");
    for(i=0;i<10;i++)
        fread(c,sizeof(int),1,fp);
    fclose(fp);
    for(i=0;i<10;i++)
        printf("%d,",b[i]);
    printf("\n");
}
```

具体要求:

（1）掌握数据块读函数 fread 和数据块写函数 fwrite 在文件中的使用方法。

（2）分析程序中两种数据块读/写方式所得出的结果是否相同。

4. 以"a+"方式打开文件后,读数据将从文件首部开始,写数据将从文件尾部开始追加。如果先从文件中读出一个数据（读后,文件的读/写指针将定位在文件首部的第二个数据上）,再给文件写入数据,那么是写到读/写指针定位的文件首部的第二个数据上,还是追加写到文件尾部?试通过下面的实验程序得出结论。

（1）以"a+"方式打开文件后,不读数据,直接在文件尾部开始追加写入数据。

```
#include<stdio.h>
void main()
{
    FILE *fp;
    char a[4]={'a','b','c','d'};
    int i;
    fp=fopen("c:\\h.dat","w");
    for(i=0;i<4;i++)
        fputc(a[i],fp);
    fclose(fp);
    fp=fopen("c:\\h.dat","a+");
    for(i=2;i<4;i++)
        fputc(a[i],fp);
    rewind(fp);
    while(!feof(fp))
        printf("%c",fgetc(fp));
    printf("\n");
    fclose(fp);
}
```

（2）以"a+"方式打开文件后,先读出一个数据,然后给文件追加写入数据。

```
#include<stdio.h>
void main()
{
    FILE *fp;
    char a[4]={'a','b','c','d'};
    int i;
    fp=fopen("c:\\h.dat","w");
    for(i=0;i<4;i++)
        fputc(a[i],fp);
    fclose(fp);
```

```
    fp=fopen("c:\\h.dat","a+");
    printf("%c\n",fgetc(fp));              //先读出一个数据
    for(i=2;i<4;i++)                       //再追加写入数据
        fputc(a[i],fp);
    rewind(fp);
    while(!feof(fp))
        printf("%c",fgetc(fp));
    printf("\n");
    fclose(fp);
}
```

具体要求：

（1）熟练掌握文件读/写指针在文件中的定位过程。

（2）为什么以"a+"方式打开文件后，先读出一个数据，再给文件追加写入数据，而无法将数据直接写入文件呢？

运行下面的程序会发现，先读出一个数据，再给文件追加写入数据时，读/写指针还是按写操作，由第二个数据位置移到第三个数据位置上，只是没有执行写入数据这个操作而已。

```
#include<stdio.h>
void main()
{
    FILE *fp;
    char a[4]={'a','b','c','d'};
    int i;
    fp=fopen("c:\\h1.dat","w");
    for(i=0;i<4;i++)
        fputc(a[i],fp);
    fclose(fp);
    fp=fopen("c:\\h1.dat","a+");
    printf("%c\n",fgetc(fp));
    fputc('x',fp);
    while(!feof(fp))
        printf("%c",fgetc(fp));
    printf("\n");
    fclose(fp);
}
```

5. 执行以下程序,将两个递增数据文件 d1.dat 和 d2.dat 合并为一个递增数据文件 d3.dat。

```
#include<stdio.h>
void main()
{
    FILE *f,*p,*q;
    int i,m,n;
    f=fopen("d1.dat","wb+");
    for(i=1;i<=10;i++)                 //按递增数据顺序，给文件 d1.dat 输入 10 个整数
    {
        scanf("%d",&m);
        fprintf(f,"%d ",m);
    }
```

```
    p=fopen("d2.dat","wb+");
    for(i=1;i<=6;i++)                  //按递增数据顺序，给文件 d2.dat 输入 6 个整数
    {
        scanf("%d",&n);
        fprintf(p,"%d ",n);
    }
    rewind(f);
    rewind(p);
    q=fopen("d3.dat","wb+");
    fscanf(f,"%d",&m);
    fscanf(p,"%d",&n);
    while(!feof(f)&&!feof(p))          //逐个比较两文件中的当前数据，将较小者存入文件 q
        if(m<n)
        {
            fprintf(q,"%d ",m);
            fscanf(f,"%d",&m);
        }
        else
        {
            fprintf(q,"%d ",n);
            fscanf(p,"%d",&n);
        }
    while(!feof(f))                    //当 f 所指向文件的数据未读完时
    {
        fprintf(q,"%d ",m);
        fscanf(f,"%d",&m);
    }
    while(!feof(p))                    //当 p 所指向文件的数据未读完时
    {
        fprintf(q,"%d ",n);
        fscanf(p,"%d",&n);

    }
    fclose(f);
    fclose(p);
    rewind(q);
    while(!feof(q))
    {
        fscanf(q,"%d",&m);
        printf("%4d",m);
    }
    printf("\n");
    fclose(q);
}
```

具体要求：

（1）掌握文件的定位方法及 feof 函数的使用方法。

（2）能够编写简单的文件应用程序。

三、思考题

（1）文本文件与二进制文件在存储上有什么不同？

（2）格式化读函数 fscanf 和格式化写函数 fprintf 能否取代字符读函数 fgetc 和字符写函数 fputc？

（3）格式化读函数 fscanf 和格式化写函数 fprintf 能否取代字符串读函数 fgets 和字符串写函数 fputs？

（4）格式化读函数 fscanf 和格式化写函数 fprintf 能否取代数据块读函数 fread 和数据块写函数 fwrite？

（5）以"a+"方式打开的文件能否同时进行读和写？

附录 A　Visual C++上机操作

Visual C++是一款功能强大的可视化软件开发工具。自 1993 年 Microsoft 公司推出 Visual C++ 1.0 后，其新版本不断问世，现在被广泛使用的是 Visual C++ 6.0 版本。Visual C++ 6.0 不仅是一个 C++编译器，而且是一个基于 Windows 操作系统的可视化集成开发环境，它由许多组件组成，包括编辑器、编译器、连接器、生成实用程序、调试器，以及各种为开发 Windows 操作系统下的 C/C++程序而设计的工具。

如果你的计算机未安装 Visual C++ 6.0，则应先安装。由于 Visual C++是 Visual Studio 的一部分，因此需要找到 Visual Studio 的光盘，执行其中的 setup.exe，并按屏幕上的提示进行安装。安装结束后，在"开始"菜单的"程序"子菜单中就会出现"Microsoft Visual Studio 6.0"。

要想使用 Visual C++ 6.0，只需要在桌面上执行"开始"→"程序"→"Microsoft Visual Studio 6.0"→"Visual C++ 6.0"命令，屏幕上即可出现 Visual C++ 6.0 的主窗口。

附录 B ASCII 码表

ASCII 值	控制字符	ASCII 值	控制字符	ASCII 值	控制字符	ASCII 值	控制字符
0	NUL	32	(space)	64	@	96	`
1	SOH	33	!	65	A	97	a
2	STX	34	"	66	B	98	b
3	ETX	35	#	67	C	99	c
4	EOT	36	$	68	D	100	d
5	END	37	%	69	E	101	e
6	ACK	38	&	70	F	102	f
7	BEL	39	'	71	G	103	g
8	BS	40	(	72	H	104	h
9	HT	41	)	73	I	105	i
10	LF	42	*	74	J	106	j
11	VT	43	+	75	K	107	k
12	FF	44	,	76	L	108	l
13	CR	45	-	77	M	109	m
14	SO	46	.	78	N	110	n
15	SI	47	/	79	O	111	o
16	DLE	48	0	80	P	112	p
17	DC1	49	1	81	Q	113	q
18	DC2	50	2	82	R	114	r
19	DC3	51	3	83	S	115	s
20	DC4	52	4	84	T	116	t
21	NAK	53	5	85	U	117	u
22	SYN	54	6	86	V	118	v
23	ETB	55	7	87	W	119	w
24	CAN	56	8	88	X	120	x
25	EM	57	9	89	Y	121	y
26	SUB	58	:	90	Z	122	z
27	ESC	59	;	91	[	123	{
28	FS	60	<	92	\	124		
29	GS	61	=	93	]	125	}
30	RS	62	>	94	^	126	~
31	US	63	?	95	_	127	△

附录 C　常用的 C 语言库函数

1. 数学函数

当使用数学函数时，应该在源文件（C 语言程序）中使用以下命令：

```
# include <math.h>
```

或

```
# include "math.h"
```

函数名	调用方式	功　　能	返回值	说　　明
abs	int abs (int x);	求整数 x 的绝对值	计算结果	
acos	double acos(double x);	计算 $\cos^{-1}(x)$ 的值	计算结果	x 应在-1～1 的范围内
asin	double asin(double x);	计算 $\sin^{-1}(x)$ 的值	计算结果	x 应在-1～1 的范围内
atan	double atan(double x);	计算 $\tan^{-1}(x)$ 的值	计算结果	
atan2	double atan2 (double x, double y);	计算 $\tan^{-1}(x/y)$ 的值	计算结果	
cos	double cos(double x);	计算 $\cos(x)$ 的值	计算结果	x 的单位为弧度
cosh	double cosh(double x);	计算 x 的值双曲余弦 $\cosh(x)$ 的值	计算结果	
exp	double exp(double x);	求 e^x 的值	计算结果	
fabs	double fabs(double x);	求 x 的绝对值	计算结果	
floor	double floor(double x);	求出不大于 x 的最大整数	该整数的双精度实数	
fmod	double fmod (double x, double y);	求整除 x/y 的余数	返回余数的双精度数	
frexp	double frexdp(double val, int *eptr);	把双精度数 val 分解为数字部分（尾数）x 和以 2 为底的指数 n，即在 val=x*2ⁿ，n 存放在 eptr 指向的变量中	返回数字部分 x $0.5 \le x < 1$	
log	double log(double x);	求 $\log_e x$，即 $\ln x$	计算结果	
log10	double log10 (double x);	求 $\log_{10} x$	计算结果	
modf	double modf(double val, double *iptr);	把双精度数 val 分解为整数部分和小数部分，把整数部分存到 iptr 指向的单元	val 的小数部分	
pow	double pow(douhle x, double y);	计算 x^y 的值	计算结果	
rand	int rand(void);	产生-90 到 32767 间的随机整数	随机整数	
sin	double sin(double x);	计算 sinx 的值	计算结果	x 的单位为弧度
sinh	double sinh(double x);	计算 x 的双曲正弦函数 $\sinh(x)$ 的值	计算结果	
sqrt	double sqrt(double x);	计算 $\sqrt{x}$	计算结果	x 应≥0
tan	double tan(double x);	计算 $\tan(x)$ 的值	计算结果	x 的单位为弧度
tanh	double tanh(double x);	计算 x 的双曲正切函数 $\tanh(x)$ 的值	计算结果	

2. 字符串函数

当使用字符串函数时，应该在源文件（C 语言程序）中使用以下命令：

```
#include <string.h>
```

或

```
#include "string.h"
```

函数名	调用方式	功　　能	返回值
strcat	char*strcat(char*dest, char *src);	在 dest 所指向的字符串的尾部添加由 src 所指向的字符串	返回指向连接后的字符串的指针
strchr	char *strchr(char*s,int c);	扫描字符串 s，搜索由 c 所指向的字符第 1 次出现的位置	返回指向 s 中第 1 次出现字符 c 的指针；若找不到由 c 所指向的字符，则返回 NULL
strcmp	int strcmp (char *s1, char *s2);	比较字符串 s1 和 s2，从首字符开始比较，然后比较其后对应的字符，直到发现不同或到达字符串的尾部	s1<s2 返值<0 s1=s2 返值=0 s1>s2 返值>0
strcpy	char *strcpy (char *dest, char *src);	把字符串 src 的内容复制到字符串 dest 中	返回指向的 dest 内容
strlen	size_t strlen(char *s);	计算字符串的长度	返回 s 的长度（不计空字符）

3. 动态存储分配函数

ANSI 标准建议设 4 个有关动态存储分配的函数，即 calloc、malloc、free、realloc。实际上，许多 C 语言编译系统在实现时往往增加了一些其他函数，ANSI 标准建议在"stdlib.h"头文件中包含有关信息，但许多 C 语言编译系统要求用"malloc.h"，而不是"stdlib.h"。因此，当使用动态存储分配函数时，应该在源文件（C 语言程序）中使用以下命令：

```
#include <stdlib.h>
```

或

```
#include <malloc.h>
```

ANSI 标准要求动态分配系统并返回 void 指针。void 指针具有一般性，它们可以指向任何类型的数据。但目前有的 C 语言编译系统所提供的这类函数返回 char 指针。无论是以上两种情况中的哪一种，都需要用强制类型转换的方法把 void 指针或 char 指针转换成所需的指针类型。

函数名	调用方式	功　　能	返回值
calloc	void *calloc(unsigned n, unsigned size);	分配连续的 n×size 字节的内存区	返回所分配内存区的起始地址；若无 n×size 字节的内存空间，则返回 NULL
free	void free(void *p);	释放指针变量 p 所指向的内存区	无
malloc	void *malloc(unsigned size);	分配长度为 size 字节的内存区	返回所分配内存区的起始地址；若无 size 字节的内存空间，则返回 NULL
realloc	void *realloc(void *p, unsigned size);	将指针变量 p 所指向的内存区的大小改为 size 字节（size 可大于或小于原来的内存区的大小）	返回改变后的内存区的起始地址

[1] 李玉军，胡元义. C 语言程序设计简明教程[M]. 北京：电子工业出版社，2025.

[2] 胡元义，王磊. C 语言与程序设计[M]. 2 版. 西安：西安交通大学出版社，2017.

[3] 胡元义，王磊. C 语言与程序设计（第 2 版）习题解析与上机指导[M]. 西安：西安交通大学出版社，2018.